Korea 정보화

엑셀 2016

불필요한건 빼고 필요한 것만 공부한다!

Korea 정보화
엑셀 2016

발 행 일 : 2021년 11월 01일(1판 1쇄)
개 정 일 : 2023년 10월 16일(1판 3쇄)
I S B N : 978-89-8455-061-2(13000)
정　　가 : 12,000원

집　　필 : KIE 기획연구실
진　　행 : 김동주
본문디자인 : 앤미디어

발 행 처 : (주)아카데미소프트
발 행 인 : 유성천
주　　소 : 경기도 파주시 정문로 588번길 24
홈페이지 : www.aso.co.kr / www.asotup.co.kr

CONTENTS

CHAPTER 01 **엑셀 2016 시작하기**

01 엑셀 2016 시작과 화면구성   5
02 데이터 입력하기   7
03 데이터 수정 및 특수문자와 한자 입력하기   9
04 작업 내용 저장하고 엑셀 종료하기   13
05 작업 파일 불러오기   16

CHAPTER 02 **채우기 핸들로 데이터 자동으로 채우기**

01 숫자 데이터 자동으로 채우기   19
02 문자 데이터 자동으로 채우기   21
03 사용자 지정 목록을 이용한 자동 채우기   23

CHAPTER 03 **셀 서식으로 예쁜 달력 만들기**

01 셀 병합하고 가운데 맞춤하기   29
02 채우기 핸들을 이용하여 데이터 입력하기   30
03 글꼴 서식 지정하기   33
04 행 높이와 열 너비 변경하기   36
05 셀 서식 지정하기   40
06 그림 삽입하기   46

CHAPTER 04 **워크시트 다루기**

01 워크시트 복사 및 삭제하기   53
02 워크시트 이름 변경 및 탭 색 변경하기   57
03 새 시트 삽입하기   59

CHAPTER 05 **개체를 활용한 앨범 만들기**

01 WordArt(워드아트) 삽입하기   63
02 도형으로 제목 만들기   65
03 그림 삽입 및 편집하기   67
04 SmartArt(스마트아트) 그래픽 삽입 및 편집하기   76

CHAPTER 06 **표시 형식을 사용하여 데이터 표현하기**

01 숫자 표시하기   85
02 날짜 표시하기   86
03 사용자 지정 표시하기   88

CHAPTER 07 **수식과 참조 활용하기**

01 간단한 수식 작성하기   95
02 상대 참조와 절대 참조 알아보기   96

CHAPTER 08 **지출관리를 통한 기본함수 활용하기**

01 자동 합계 구하기(SUM)   105
02 숫자 셀의 개수 구하기(COUNT)   107
03 평균 구하기(AVERAGE)   109
04 최대값 구하기(MAX)   110
05 최소값 구하기(MIN)   112

CHAPTER 09 **논리&순위 함수 사용하기**

01 조건에 따른 결과 값 구하기(IF)   117
02 *fx* 함수 마법사를 이용한 순위 구하기(RANK.EQ)   120

CHAPTER 10 **데이터 정렬하기**

01 오름차순 정렬하기   125
02 내림차순 정렬하기   127
03 사용자 지정 정렬하기   129

CHAPTER 11 **필요한 데이터만 추출하는 '자동필터' 활용하기**

01 종류(텍스트) 필터하기   137
02 만기일(날짜) 필터하기   140
03 누계(숫자) 필터하기   141

CHAPTER 12 **'회비 통장'을 한눈에 볼 수 있게 요약하기**

01 피벗 테이블 만들기   147
02 피벗 테이블 디자인하기   151

CHAPTER 13 **데이터 비교를 위한 차트 만들기**

01 조건부 서식을 이용하여 데이터 막대로 표현하기   155
02 차트 만들기   157
03 차트 디자인과 레이아웃 변경하기   159
04 차트 인쇄하기   163

01 CHAPTER 엑셀 2016 시작하기

◉ **예제파일** : 없음   ◉ **완성파일** : 신규회원명단(완성).xlsx

✱ 이번 장에서는

엑셀 2016의 시작과 화면구성, 데이터 입력 및 수정과 특수문자, 한자 입력 방법 그리고 작업한 내용을 저장하고 불러오는 방법과 엑셀을 종료하는 방법에 대해 알아보겠습니다.

	A	B	C	D	E	F	G	H
1								
2		신규회원 명단						
3								
4		성명	성별	국적	생년월일	나이		
5		김화룡	남(♂)	한국(韓國)	1980-05-01	34		
6		나미꼬	여(♀)	일본(日本)	1985-10-22	29		
7		천룽	남(♂)	중국(中國)	1982-07-18	32		
8								
9								
10								
11								
12								
13								
14								
15								

01 [시작 ▦]-[Excel 2016]을 클릭합니다.

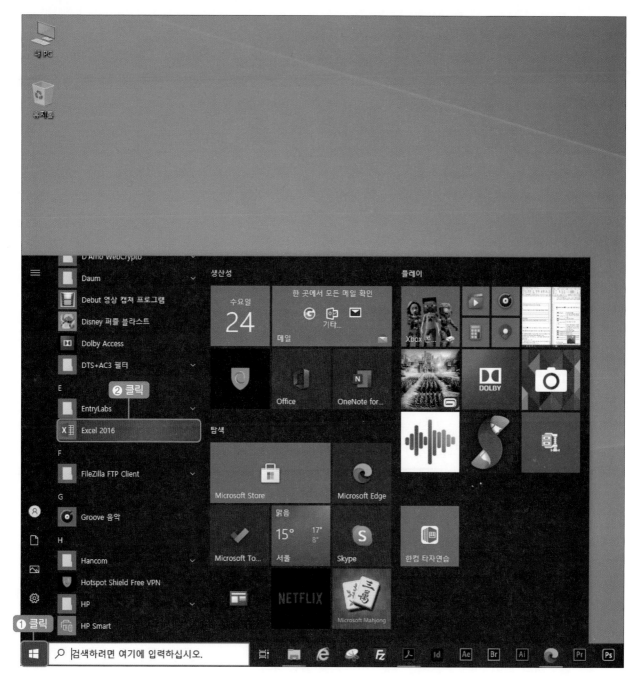

TIP

바탕 화면에 바로 가기 아이콘 만들어 실행하기

'Excel 2016'에서 마우스 왼쪽 단추를 누른채 바탕 화면으로 드래그합니다.

02 엑셀 2016의 화면 기본 구성은 다음과 같습니다.

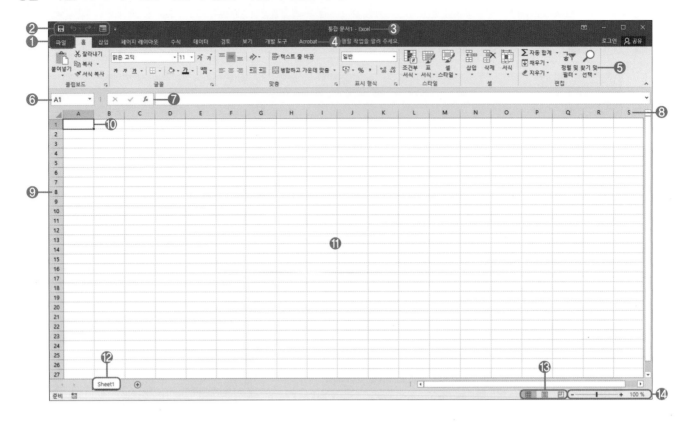

❶ **[파일] 탭** : 파일 열기, 저장, 공유, 인쇄 또는 보내기와 같은 파일에 대한 모든 작업을 한 곳에서 수행
할 수 있는 위치를 제공합니다.

❷ **빠른 실행 도구 모음** : 가장 자주 사용하는 명령을 표시하며 사용자가 지정 가능한 도구 모음입니다.

❸ **제목 표시줄** : 현재 작업 중인 문서의 이름을 보여줍니다.

❹ **상황별 탭** : 모든 기능들을 종류별로 분류하여 탭 형식으로 표시하며, 표 또는 이미지 서식 지정과
같이 수행 중인 작업에 적합한 경우에만 리본 메뉴에 표시됩니다.

❺ **리본 메뉴** : 작업을 완료하는 데 필요한 명령을 빨리 찾기 위해 디자인 되었으며, 명령은 탭 아래에
논리적 그룹으로 분류되어 있습니다.

❻ **이름 상자** : 현재 셀 포인터가 위치한 셀 주소를 표시합니다.

❼ **수식 입력줄** : 현재 셀에 입력된 내용이 표시되며 직접 데이터를 입력하거나 수정할 수 있습니다.

❽ **열 머리글** : A~XFD열까지 16,384개의 열로 구성되어 있습니다.

❾ **행 머리글** : 1~1,048,576행으로 구성되어 있습니다.

❿ **셀** : 행과 열이 만나 구성되는 작은 사각형을 말합니다.

⓫ **워크시트** : 실제 문서를 입력하고 편집할 수 있는 작업 공간입니다.

⓬ **시트 탭** : 현재 작업 중인 시트의 이름을 표시합니다.

⓭ **화면 보기 전환 단추** : 기본/페이지 레이아웃/페이지 나누기 미리 보기로 화면 전환을 쉽게 할 수 있
도록 구성되었습니다.

⓮ **화면 배율 조절 바** : 워크시트 화면을 확대 및 축소할 수 있습니다.

01 [B2] 셀을 클릭한 후 '신규회원 명단'을 입력하고 Enter 키를 누릅니다.

02 [B4] 셀을 클릭한 후, '성명'을 입력하고 → 방향키를 누릅니다.

TIP

데이터 입력 후 이동하기

엑셀에서 셀에 데이터를 입력한 후 Enter 키 또는 방향키(↓, ↑, ←, →)를 눌러주면 데이터 입력과 동시에 셀 포인터를 이동시킬 수 있습니다.

▲ [B4] 셀에 데이터 입력 후 Enter 키 또는 ↓ 방향 키를 누른 경우

▲ [B4] 셀에 데이터 입력 후 ↑ 방향키를 누른 경우

▲ [B4] 셀에 데이터 입력 후 ← 방향키를 누른 경우

▲ [B4] 셀에 데이터 입력 후 → 방향키를 누른 경우

03 위와 같은 방식으로 [C4] 셀에 '성별', [D4] 셀에 '국적', [E4] 셀에 '생년월일', [F4] 셀에 '나이'를 각각 입력한 후 **Enter** 키를 누릅니다.

◢	A	B	C	D	E	F
1						
2		신규회원 명단			❸ 입력 후 ➡ 키	
3						
4		성명	성별	국적	생년월일	나이
5		❶ 입력 후 ➡ 키		❷ 입력 후 ➡ 키		
6						❹ 입력 후 Enter 키
7						

04 [B5] 셀을 클릭한 후, '김화룡'을 입력한 다음 [C5] 셀에 '남', [D5] 셀에 '한국', [E5] 셀에 '1980−05−01', [F5] 셀에 '34'를 입력하고 **Enter** 키를 누릅니다.

◢	A	B	C	D	E	F
1						
2		신규회원 명단				❷ 입력 후 Enter 키
3						
4		성명	성별	국적	생년월일	나이
5		김화룡	남	한국	1980-05-01	34
6				❶ 각 셀에 입력 후 ➡ 키		
7						

05 이어서, [B6:F7] 영역에 다음과 같이 내용을 입력해 줍니다.

◢	A	B	C	D	E	F	
1							
2		신규회원 명단					
3							
4		성명	성별	국적	생년월일	나이	
5		김화룡	남	한국	1980-05-01	34	
6		나미꼬	여	일본	1985-10-22	29	입력
7		천룽	남	중국	1982-07-18	32	
8							

01 C열에 입력된 '성별'에 특수문자를 추가하고, D열에 입력된 '국적'에 한자를 추가하여 데이터를 수정해 봅니다.

02 [C5] 셀을 클릭한 후 데이터 수정을 위해서 F2 키를 누른 다음 '(ㄷ'을 입력합니다.

	A	B	C	D	E	F
1						
2		신규회원 명단				
3						
4		성명	성별	국적	생년월일	나이
5		김화룡	남	한국	1980-05-01	34
6		나미꼬	여	일본	1985-10-22	29
7		천룽	남	중국	1982-07-18	32
8			❶ 클릭 후 F2 키			

⬇

	A	B	C	D	E	F
1						
2		신규회원 명단				
3						
4		성명	성별	국적	생년월일	나이
5		김화룡	남(ㄷ	한국	1980-05-01	34
6		나미꼬	여	일본	1985-10-22	29
7		천룽	남	중국	1982-07-18	32
8			❷ '(ㄷ' 입력			

TIP

데이터 입력 후 수정하기
- 데이터가 입력된 셀에 새로운 데이터를 입력합니다.(기존 셀의 데이터는 삭제됨)
- 입력된 데이터 또는 입력 중인 데이터의 일부를 수정할 때에는 F2 키를 누른 후 데이터를 수정합니다.
- 수식 입력줄 클릭 또는 수정할 셀에서 더블 클릭한 후 데이터를 수정합니다.

03 이어서, 한자 키를 눌러 특수문자 목록이 표시되면 보기 변경(») 단추를 클릭하여 한글 자음 'ㄷ'에 해당하는 모든 특수문자를 표시합니다.

04 해당 특수문자 ' ♂ '를 찾아 클릭합니다.

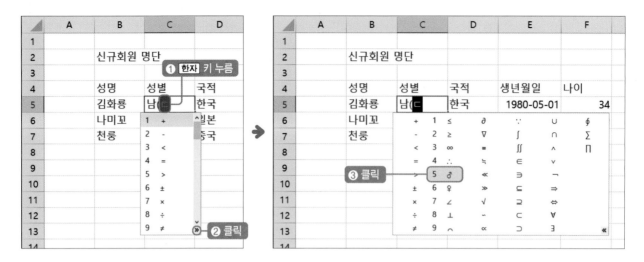

05 ')'를 입력한 후 Enter 키를 누릅니다.

06 [C6] 셀에서 F2 키를 누른 후 '(ㄷ'을 입력하고 한자 키를 누릅니다.

07 특수문자 목록이 표시되면 보기 변경(≫) 단추를 클릭한 후 해당 특수문자 '우'를 찾아 클릭합니다.

08 ')'를 입력한 후 **Enter** 키를 누릅니다.

09 [C7] 셀에서도 **F2** 키를 누른 후 '남(♂)'으로 변경해 줍니다.

TIP

특수문자 입력 방법

❶ 한글 자음(ㄱ, ㄴ, ㄷ, …)을 입력한 후 **한자** 키를 누르면 다양한 종류의 특수문자를 입력할 수 있음

• 한글 자음 'ㄹ'에 연결된 특수문자

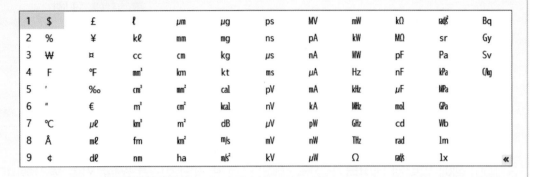

• 한글 자음 'ㅁ'에 연결된 특수문자

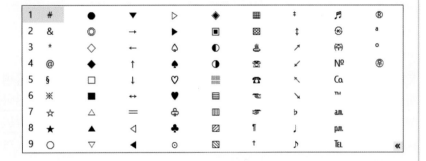

❷ [삽입] 탭–[기호] 그룹–[Ω 기호] 이용

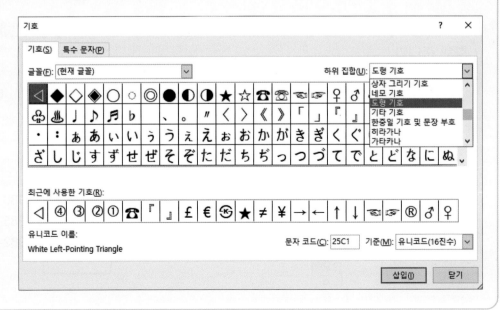

10 [D5] 셀부터 [D7] 셀에 입력된 국적 데이터를 한자로 변환해 봅니다.

11 [D5] 셀을 클릭한 후 **F2** 키를 누르고 **한자** 키를 누릅니다.

12 [한글/한자 변환] 대화상자가 표시되면 한자 선택에서 '韓國', 입력 형태에서 '한글(漢字)'를 클릭한 후 〈변환〉 단추를 클릭합니다.

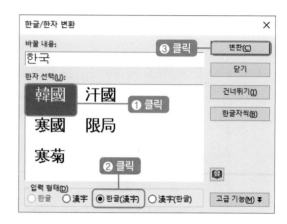

13 [D5] 셀에 입력된 데이터가 '한국(韓國)'으로 변경되었으면 **Enter** 키를 눌러줍니다.

	A	B	C	D	E	F	
1							
2		신규회원 명단					
3							
4		성명	성별	국적	생년월일	나이	
5		김화룡	남(♂)	한국(韓國)	1980-05-01	34	
6		나미꼬	여(♀)	일본	1985-10-22	29	
7		천룽	남(♂)	중국	1982-07-18	32	
8							

14 이어서, [D6] 셀의 '일본'을 '일본(日本)'으로 [D7] 셀의 '중국'을 '중국(中國)'으로 각각 한자로 변환해 줍니다.

	A	B	C	D	E	F	
1							
2		신규회원 명단					
3							
4		성명	성별	국적	생년월일	나이	
5		김화룡	남(♂)	한국(韓國)	1980-05-01	34	
6		나미꼬	여(♀)	일본(日本)	1985-10-22	29	
7		천룽	남(♂)	중국(中國)	1982-07-18	32	
8							
9							

한자 변환

데이터 입력 중 또는 입력 후 [한자] 키를 눌렀을 때 다음과 같이 두 가지 상태가 표시될 수 있습니다.

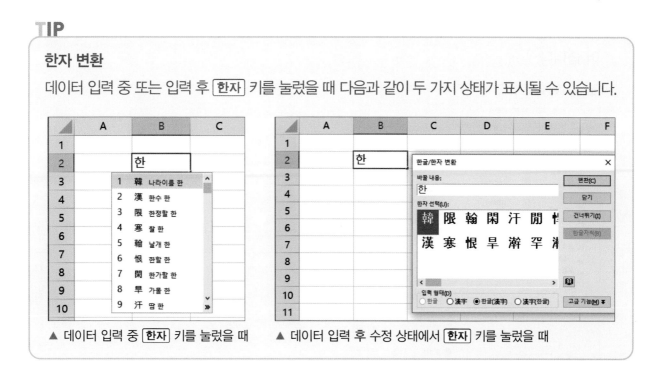

▲ 데이터 입력 중 [한자] 키를 눌렀을 때　　▲ 데이터 입력 후 수정 상태에서 [한자] 키를 눌렀을 때

---

04 작업 내용 저장하고 엑셀 종료하기

01 작업 내용이 완료되었으면 작업한 내용을 저장하고 엑셀을 종료해 보도록 합니다.

02 [파일] 탭-[저장]-[찾아보기]를 클릭합니다.

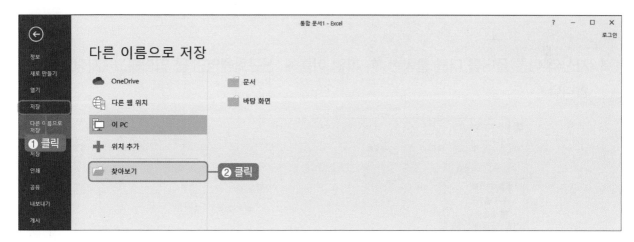

• 저장하기의 바로 가기 키인 [Ctrl]+[S] 키를 눌러도 됩니다.
• 작성한 문서를 저장할 때 [빠른 실행 도구 모음]의 [[]](저장) 단추를 클릭해도 됩니다.

03 [다른 이름으로 저장] 대화상자가 표시되면 [새 폴더]를 클릭한 후, 자신의 이름으로 폴더를 만들어 줍니다.

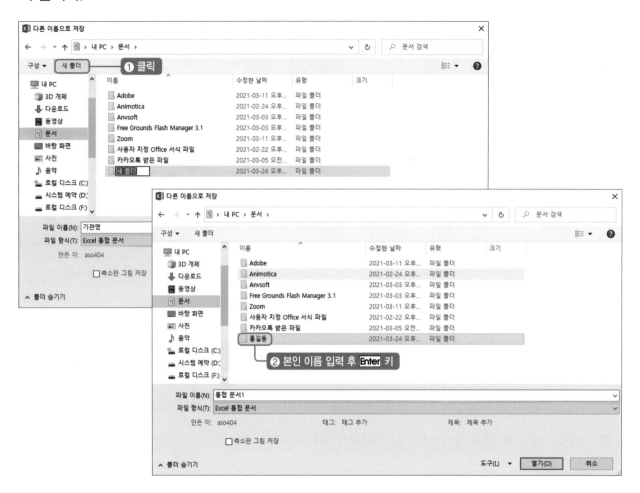

04 자신의 이름 폴더를 더블 클릭한 후, 파일 이름에 '신규회원명단'을 입력하고 〈저장〉 단추를 클릭합니다.

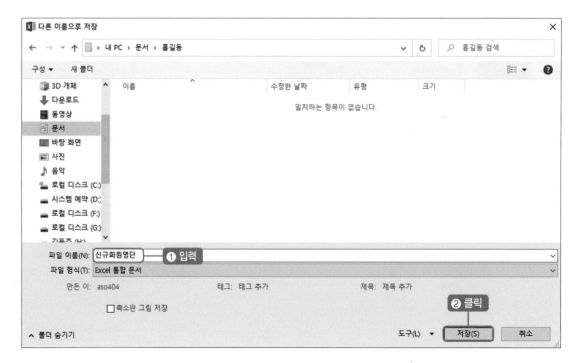

05 다음과 같이 제목 표시줄에 파일명이 표시된 것을 확인합니다.

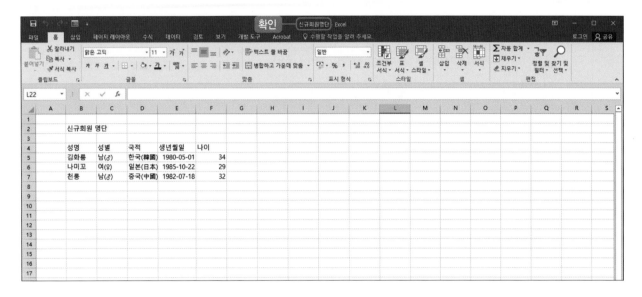

06 작업한 내용을 닫으려면 [파일] 탭-[닫기]를 클릭합니다.

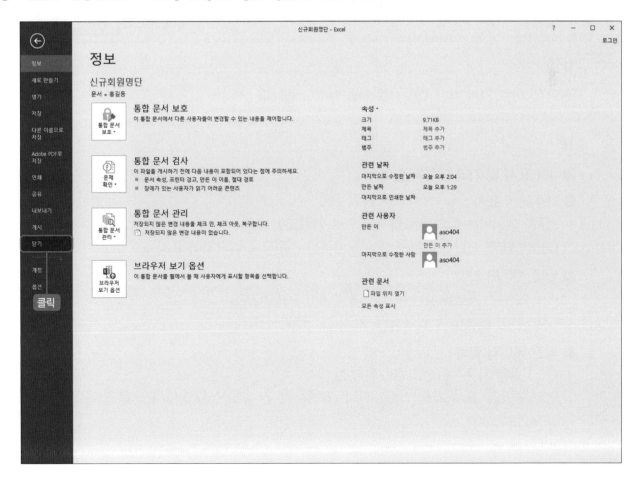

01 엑셀 2016 프로그램을 실행한 후, [파일] 탭-[열기]-[찾아보기]를 클릭합니다.

02 [내 PC]-[문서]-[자신의 이름] 폴더에서 불러올 파일 '신규회원명단'을 선택한 후 〈열기〉 단추를 클릭합니다.

TIP

'열기'의 바로 가기 키인 [Ctrl]+[O] 키를 눌러도 됩니다.

TIP

데이터 표시 및 기타 데이터 입력

❶ 데이터의 표시
  • 문자 데이터는 셀의 왼쪽을 기준으로 입력되어 표시
  • 수치, 날짜, 시간 데이터는 셀의 오른쪽을 기준으로 입력되어 표시

❷ 날짜 데이터 입력
  • '-' 또는 '/' 기호를 사용 [예] 2013-12-25, 2013/12/25
  • 시스템의 현재 날짜 입력 바로 가기 키 : [Ctrl]+[;] 키

❸ 시간 데이터 입력
  • ':' 기호를 사용 [예] 3:25:40(시:분:초)
  • 12시간제로 표시하려면 시간 뒤에 공백을 한 칸 두고 'AM'이나 'PM'을 입력 [예] 3:25:40 PM, 15:25:40

1 엑셀 2016 프로그램을 실행한 후 다음과 같이 데이터를 입력하고 저장해 보세요.

◉ **예제파일** : 없음　　◉ **완성파일** : 우리산악회 회원현황(완성).xlsx

	A	B	C	D	E	F
1		우리산악회 회원현황				
2						
3		성명	직책	성별	출석률	
4		홍석환	회장	男	★★★★	
5		이민정	총무	女	★★★★	
6		박미희	홍보	女	★★☆☆	
7		강민준	없음	男	★☆☆☆	
8		박성호	없음	男	★★★☆	

HINT　❶ D열의 성별에서 '男'(남)과 '女'(여)를 각각 한자로 변환

　　　❷ E열의 출석률은 특수문자 '★', '☆' 이용
　　　　• 한글 자음 'ㅁ' 입력 후 [한자] 키 이용
　　　　• [삽입] 탭–[기호] 그룹–[기호] 이용(하위 집합 : 기타 기호)

　　　❸ 작업 내용 저장(파일명) : 우리산악회 회원현황.xlsx

2 엑셀 2016 프로그램을 실행한 후 다음과 같이 데이터를 입력하고 저장해 보세요.

◉ **예제파일** : 없음　　◉ **완성파일** : 상반기 승진사원 명단(완성).xlsx

	A	B	C	D	E	F
1		상반기 승진사원 명단				
2						
3		성명	직책	내선번호		
4		박문식	專務(전무)	☎ 117		
5		윤석준	室長(실장)	☏ 108		
6		김미란	課長(과장)	☎ 110		
7		남경희	代理(대리)	☏ 1125		

HINT　❶ C열의 직책에서 한자 입력 형태 : 漢字(한글)

　　　❷ D열의 내선번호는 특수문자 '☎', '☏' 이용
　　　　• 한글 자음 'ㅁ' 입력 후 [한자] 키 이용
　　　　• [삽입] 탭–[기호] 그룹–[기호] 이용(하위 집합 : 기타 기호)

　　　❸ 작업 내용 저장(파일명) : 상반기 승진사원 명단.xlsx

⟨ **예제파일** : 자동채우기.xlsx   ⟨ **완성파일** : 자동채우기(완성).xlsx

✱ 이번 장에서는

채우기 핸들이란 셀 포인터의 오른쪽 하단에 위치한 작은 사각점을 의미하며, 채우기 핸들을 사용하여 데이터를 자동으로 입력하는 방법에 대해 알아보겠습니다.

	A	B	C	D	E	F	G	H
1								
2		\multicolumn{6}{자동 채우기를 이용한 데이터 입력}		
3								
4		숫자-1	숫자-2	숫자-3	문자-1	문자-2	사용자 지정 목록	
5		1	50	1	일	1사분기	회장	
6		1	100	2	월	2사분기	고문	
7		1	150	3	화	3사분기	감사	
8		1	200	4	수	4사분기	부회장	
9		1	250	5	목	1사분기	총무	
10		1	300	6	금	2사분기	회계	
11								
12								
13								
14								
15								

01 엑셀 2016 프로그램을 실행한 후, [파일] 탭–[열기]–[찾아보기]를 클릭하여 '자동채우기.xlsx' 파일을 불러옵니다.

02 [B5] 셀을 클릭한 후 [B5] 셀 오른쪽 아래에 있는 사각점(채우기 핸들(🔲))에 마우스 포인터를 위치시킵니다.

03 마우스 포인터가 ➕ 모양으로 변경되면 마우스 왼쪽 단추를 누른 채 [B10] 셀까지 드래그 합니다.

04 [B5] 셀부터 [B10] 셀까지 '1' 이라는 데이터가 동일하게 채워진 것을 확인합니다.

05 숫자 '50'과 '100'이 입력된 [C5] 셀과 [C6] 셀을 드래그하여 영역으로 지정한 후, [C6] 셀의 채우기 핸들을 [C10] 셀까지 드래그 합니다.

06 50과 100의 차이값인 '50'만큼 더해진 형태로 값이 채워진 것을 확인합니다.

07 [D5] 셀을 클릭한 후 셀 오른쪽 아래에 있는 채우기 핸들(⬛)에 마우스 포인터를 위치시킵니다.

08 마우스 포인터가 ✛ 모양으로 변경되면 마우스 왼쪽 단추를 누른 채 [D10] 셀까지 드래그 합니다.

	A	B	C	D	E	F	G	H
1								
2		\multicolumn{7}{자동 채우기를 이용한 데이터 입력}						
3								
4		숫자-1	숫자-2	숫자-3	문자-1	문자-2	사용자 지정 목록	
5		1	50	1	일	1사분기	회장	
6		1	100					
7		1	150					
8		1	200		드래그			
9		1	250					
10		1	300		1			
11				✛				

09 [D5] 셀부터 [D10] 셀까지 '1' 이라는 데이터가 동일하게 채워진 것을 확인한 후, 자동 채우기 옵션(▦) 단추를 클릭합니다.

10 자동 채우기 옵션 항목 중 '연속 데이터 채우기' 항목을 클릭한 후 데이터가 1씩 증가되는 추세로 채워진 것을 확인합니다.

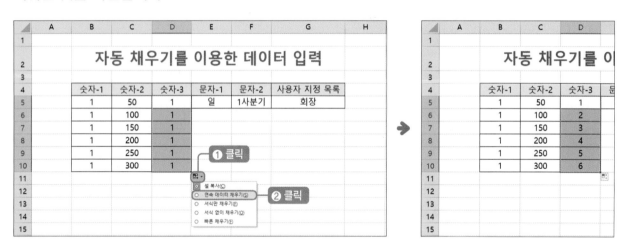

채우기 핸들과 자동 채우기 옵션(📑)

❶ **채우기 핸들** : 셀 포인터의 오른쪽 하단에 위치한 작은 사각점(⬛)을 의미하는 것으로 필요에 따라 연속적인 데이터를 쉽고 편하게 입력하도록 도와주는 기능을 합니다.

❷ **자동 채우기 옵션**

① ◉	셀 복사(C)
② ○	연속 데이터 채우기(S)
③ ○	서식만 채우기(F)
④ ○	서식 없이 채우기(O)
⑤ ○	빠른 채우기(F)

❶ **셀 복사** : 셀 값이 동일하게 복사됨
❷ **연속 데이터 채우기** : 셀 값이 연속적으로 증가됨(단, 1개의 셀을 자동 채우기하면 기본적으로 1씩 증가)
❸ **서식만 채우기** : 값은 제외하고 서식만 채워짐
❹ **서식 없이 채우기** : 서식은 제외하고 값만 채워짐
❺ **빠른 채우기** : 사용자가 원하는 형식으로 채우는 기능

[예제]

A	B	C	D	E
1	셀 복사	연속 데이터 채우기	서식만 채우기	서식 없이 채우기
2	100	100	100	100
3				

[채우기 결과]

A	B	C	D	E	F
1	셀 복사	연속 데이터 채우기	서식만 채우기	서식 없이 채우기	빠른 채우기
2	100	100	100	100	100
3	100	101		100	100
4	100	102		100	100
5	100	103		100	100
6					

02 문자 데이터 자동으로 채우기

01 [E5] 셀을 클릭한 후, 마우스 왼쪽 단추를 누른 채 채우기 핸들(⬛)을 [E10] 셀까지 드래그 합니다.

	A	B	C	D	E	F	G	H
1								
2		자동 채우기를 이용한 데이터 입력						
3								
4		숫자-1	숫자-2	숫자-3	문자-1	문자-2	사용자 지정 목록	
5		1	50	1	일	1사분기	회장	
6		1	100	1				
7		1	150	1				
8		1	200	1	드래그			
9		1	250	1	금			
10		1	300	1				
11								

02 [E5] 셀부터 [E10] 셀까지 요일이 순서대로 입력('일' → '일, 월, 화, 수, 목, 금')된 것을 확인합니다.

	A	B	C	D	E	F	G	H
1								
2			자동 채우기를 이용한 데이터 입력					
3								
4		숫자-1	숫자-2	숫자-3	문자-1	문자-2	사용자 지정 목록	
5		1	50	1	일	1사분기	회장	
6		1	100	1	월			
7		1	150	1	화	확인		
8		1	200	1	수			
9		1	250	1	목			
10		1	300	1	금			
11								

03 [F5] 셀을 클릭한 후, 마우스 왼쪽 단추를 누른 채 채우기 핸들(⌐)을 [F10] 셀까지 드래그 합니다.

	A	B	C	D	E	F	G	H
1								
2			자동 채우기를 이용한 데이터 입력					
3								
4		숫자-1	숫자-2	숫자-3	문자-1	문자-2	사용자 지정 목록	
5		1	50	1	일	1사분기	회장	
6		1	100	1	월			
7		1	150	1	화			
8		1	200	1	수	드래그		
9		1	250	1	목	2사분기		
10		1	300	1	금			

04 [F5] 셀부터 [F10] 셀까지 분기가 순서대로 입력된 것을 확인합니다.

	A	B	C	D	E	F	G	H
1								
2			자동 채우기를 이용한 데이터 입력					
3								
4		숫자-1	숫자-2	숫자-3	문자-1	문자-2	사용자 지정 목록	
5		1	50	1	일	1사분기	회장	
6		1	100	1	월	2사분기		
7		1	150	1	화	3사분기	확인	
8		1	200	1	수	4사분기		
9		1	250	1	목	1사분기		
10		1	300	1	금	2사분기		
11								

TIP

문자 데이터의 자동 채우기

❶ 요일('일, 월, 화, 수, 목, 금, 토' 또는 'Sun, Mon, Tue, Wed, Thu, Fri, Sat'), 월(1월~12월), 분기(1사분기, 2사분기, 3사분기, 4사분기)와 같은 데이터들은 자동 채우기 실행시 자동으로 요일이 증가되거나 월이 증가, 분기가 증가되어 표시됩니다.

❷ 위와 같이 자주 사용되는 목록들은 미리 사전에 등록되어 있으며 자동 채우기 실행시 등록된 내용이 반복적으로 표시되도록 지정되어 있습니다.

❸ 사전에 등록되어 있지 않은 문자 데이터는 자동 채우기 실행시 그대로 복사되어 표시됩니다.

---

03 : 사용자 지정 목록을 이용한 자동 채우기

01 요일, 분기 등과 같은 데이터는 자동 채우기 실행시 사전에 등록된 내용들을 이용하여 실행하는데 이처럼 일련의 순서로 등록된 것들을 사용자 지정 목록이라 합니다

02 [파일] 탭–[옵션]을 클릭한 후 [Excel 옵션] 대화상자가 표시되면 [고급]을 클릭합니다.

03 수직 이동 스크롤 바(▯)를 아래로 드래그하여 '일반' 항목 중 `사용자 지정 목록 편집(O)...` 단추를 클릭합니다.

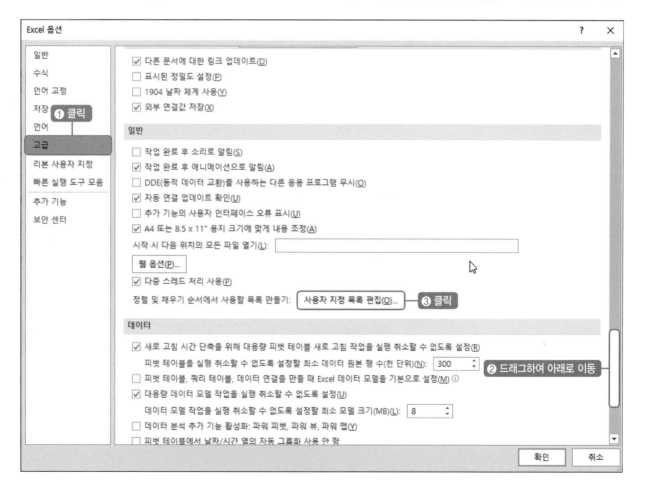

04 [사용자 지정 목록] 대화상자가 표시되면 '목록 항목' 아랫부분의 빈 공백을 클릭한 후 '회장'을 입력하고 **Enter** 키를 누릅니다.

05 이어서, '고문', '감사', '부회장', '총무', '회계'를 차례대로 입력하고 〈추가〉 단추를 클릭합니다.

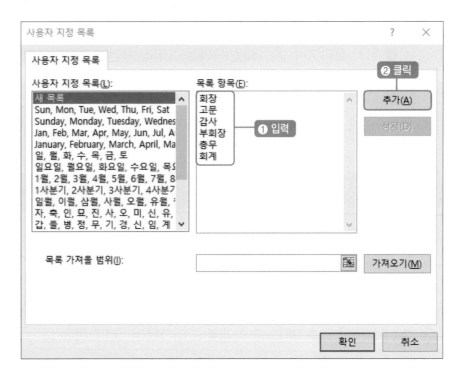

06 '사용자 지정 목록' 하단에 새롭게 목록이 추가된 것을 확인한 후 〈확인〉 단추를 클릭합니다.

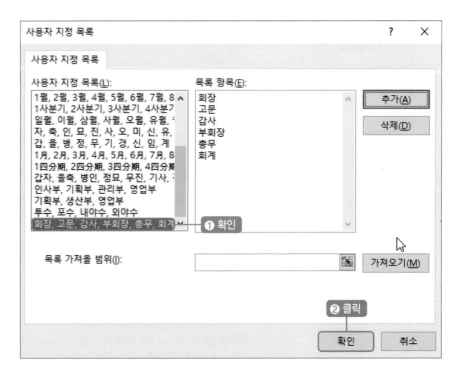

07 [Excel 옵션] 대화상자가 다시 표시되면 〈확인〉 단추를 클릭합니다.

08 [G5] 셀을 클릭한 후, 마우스 왼쪽 단추를 누른 채 채우기 핸들(⬇)을 [G10] 셀까지 드래그 합니다.

	A	B	C	D	E	F	G	H
1								
2				자동 채우기를 이용한 데이터 입력				
3								
4		숫자-1	숫자-2	숫자-3	문자-1	문자-2	사용자 지정 목록	
5		1	50	1	일	1사분기	회장	
6		1	100	1	월	2사분기		
7		1	150	1	화	3사분기		
8		1	200	1	수	4사분기		드래그
9		1	250	1	목	1사분기		회계
10		1	300	1	금	2사분기		
11								

09 사용자 지정 목록에서 입력한 순서(회장→고문→감사→부회장→총무→회계)대로 데이터가 자동으로 채워져 표시된 것을 확인합니다.

	A	B	C	D	E	F	G	H
1								
2				자동 채우기를 이용한 데이터 입력				
3								
4		숫자-1	숫자-2	숫자-3	문자-1	문자-2	사용자 지정 목록	
5		1	50	1	일	1사분기	회장	
6		1	100	1	월	2사분기	고문	
7		1	150	1	화	3사분기	감사	
8		1	200	1	수	4사분기	부회장	확인
9		1	250	1	목	1사분기	총무	
10		1	300	1	금	2사분기	회계	
11								

TIP

사용자 지정 목록의 삭제

엑셀 2016 프로그램에서 기본적으로 제공되는 사용자 지정 목록은 삭제가 불가능하지만 사용자가 추가한 목록은 삭제가 가능합니다.

10 작업 내용이 완료되었으면 [파일] 탭-[저장]을 클릭하여 작업한 내용을 저장합니다.

활용마당

◦ 예제파일 : 자동채우기연습.xlsx   ◦ 완성파일 : 자동채우기연습(완성).xlsx

1 다음과 같이 [B6:E16] 영역을 자동 채우기 기능을 이용하여 완성해 보세요.

	월[영문]	월[한자]	분기	십이지
	자동 채우기 연습			
	January	1月	1사분기	자
	February	2月	2사분기	축
	March	3月	3사분기	인
	April	4月	4사분기	묘
	May	5月	1사분기	진
	June	6月	2사분기	사
	July	7月	3사분기	오
	August	8月	4사분기	미
	September	9月	1사분기	신
	October	10月	2사분기	유
	November	11月	3사분기	술
	December	12月	4사분기	해

HINT ❶ [B5] 셀의 채우기 핸들을 사용하여 [B6:B16] 영역에 데이터 채우기
      ❷ 동일한 방법으로 [C5], [D5], [E5] 셀의 채우기 핸들을 사용하여 [C6:E16] 영역에 데이터 채우기

● 예제파일 : 구구단표.xlsx ● 완성파일 : 구구단표(완성).xlsx

2 다음과 같이 자동 채우기 기능을 이용하여 구구단표를 완성해 보세요.

		2단	3단	4단	5단	6단	7단	8단	9단
	1	2	3	4	5	6	7	8	9
	2	4	6	8	10	12	14	16	18
	3	6	9	12	15	18	21	24	27
	4	8	12	16	20	24	28	32	36
	5	10	15	20	25	30	35	40	45
	6	12	18	24	30	36	42	48	54
	7	14	21	28	35	42	49	56	63
	8	16	24	32	40	48	56	64	72
	9	18	27	36	45	54	63	72	81

구구단

HINT ❶ [C5] 셀부터 [D6] 셀까지 드래그하여 영역 지정

❷ [D6] 셀에서 채우기 핸들을 [D13] 셀까지 드래그

❸ [C5:D13] 영역이 지정된 상태에서 [D13] 셀에서 채우기 핸들을 [J13] 셀까지 드래그

03 CHAPTER 셀 서식으로 예쁜 달력 만들기

◦ **예제파일** : 12월달력.xlsx ◦ **완성파일** : 12월달력(완성).xlsx

✖ 이번 장에서는

작성한 문서에서 셀을 병합하고, 채우기 핸들을 이용하여 데이터를 채우는 방법 및 글꼴 서식 지정, 행의 높이와 열의 너비 지정, 셀 서식 지정 및 그림을 삽입하는 방법에 대해 알아보겠습니다.

	A	B	C	D	E	F	G	H
1	2021년		12월					
2								
3	일요일	월요일	화요일	수요일	목요일	금요일	토요일	
4				1	2	3	4	
5	5	6	7	8	9	10	11	
6	12	13	14	15	16	17	18	
7	19	20	21	22	23	24	25 성탄절	
8	26	27	28	29	30	31		
9	메모							
10								

01 엑셀 2016 프로그램을 실행한 후, [파일] 탭-[열기]-[찾아보기]를 클릭하여 '12월달력.xlsx' 파일을 불러옵니다.

02 [C1] 셀부터 [E1] 셀까지 드래그하여 영역을 지정한 후, Ctrl 키를 누른 상태에서 [B9:G9] 영역도 드래그하여 영역을 지정합니다.

	A	B	C	D	E	F	G	H	I
1	2021년		12월						
2									
3	일요일								
4				1					
5		5							
6		12							
7									
8									
9	메모								
10									
11									

❶ 영역지정
❷ Ctrl + 영역지정

03 [홈] 탭-[맞춤] 그룹에서 [병합하고 가운데 맞춤] 아이콘을 클릭합니다.

04 다음과 같이 [C1:E1] 영역과 [B9:G9] 영역의 셀들이 하나로 병합되면서 가운데 맞춤된 것을 확인합니다.

	A	B	C	D	E	F	G	H	I
1	2021년			12월					
2									
3	일요일								
4				1					
5		5							
6		12							
7									
8									
9	메모								
10									

TIP

❶ '셀 병합'이란 여러 개의 셀을 하나의 셀로 합치는 것을 말합니다.

❷ [병합하고 가운데 맞춤]이 지정된 셀을 취소하려면 병합된 셀을 선택한 후, [홈] 탭-[맞춤] 그룹에서 [병합하고 가운데 맞춤] 아이콘을 다시 한번 클릭합니다.

02 : 채우기 핸들을 이용하여 데이터 입력하기

01 [A3] 셀을 클릭한 후, [G3] 셀까지 채우기 핸들(⊞)을 드래그하여 요일을 자동으로 입력해 줍니다.

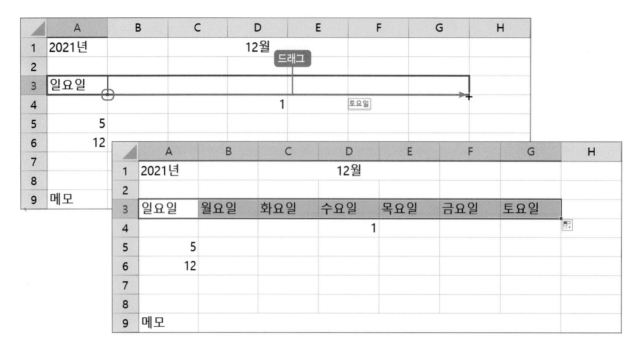

02 [D4] 셀을 클릭한 후, [G4] 셀까지 채우기 핸들(⊞)을 드래그하여 숫자를 자동으로 입력해 줍니다.

03 이어서, 숫자를 1씩 증가시키기 위하여 자동 채우기 옵션(⊞) 단추를 클릭한 후 '연속 데이터 채우기' 항목을 선택합니다.

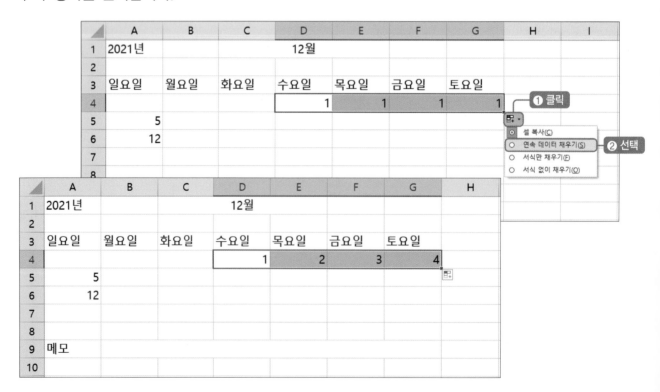

04 [A5] 셀을 클릭한 후, [G5] 셀까지 채우기 핸들(⬚)을 드래그하여 숫자를 자동으로 입력해 줍니다.

05 이어서, 숫자를 1씩 증가시키기 위하여 자동 채우기 옵션(⬚) 단추를 클릭한 후 '연속 데이터 채우기' 항목을 선택합니다.

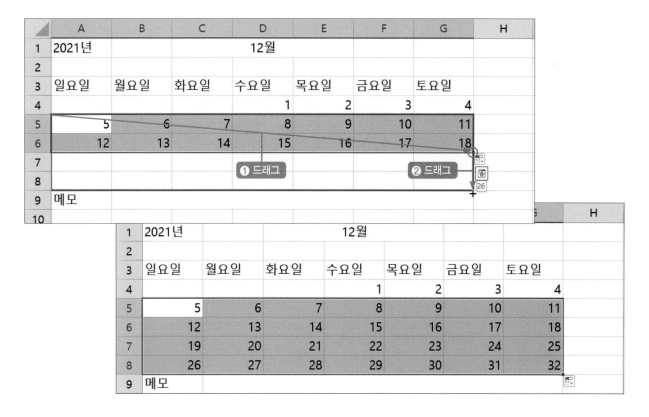

06 [A6] 셀을 클릭한 후, [G6] 셀까지 채우기 핸들(⬚)을 드래그하여 숫자를 자동으로 입력해 줍니다.

07 이어서, 숫자를 1씩 증가시키기 위하여 자동 채우기 옵션(⬚) 단추를 클릭한 후 '연속 데이터 채우기' 항목을 선택합니다.

08 [A5:G6] 영역을 드래그한 후, [G6] 셀의 채우기 핸들(⬚)을 [G8] 셀까지 드래그하여 데이터를 자동으로 입력해 줍니다.

09 12월은 31일이 마지막 날이므로 [G8] 셀을 클릭한 후 Delete 키로 삭제해 줍니다.

	A	B	C	D	E	F	G	H
1	2021년			12월				
2								
3	일요일	월요일	화요일	수요일	목요일	금요일	토요일	
4				1	2	3	4	
5	5	6	7	8	9	10	11	
6	12	13	14	15	16	17	18	
7	19	20	21	22	23	24	25	
8	26	27	28	29	30	31		← Delete 키
9	메모							
10								

10 [G7] 셀을 더블 클릭한 후, 커서를 '25' 뒤에 위치시키고 Alt + Enter 키를 누릅니다.

11 '성탄절'을 입력한 후 Enter 키를 누릅니다.

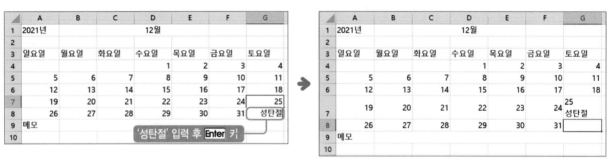

'성탄절' 입력 후 Enter 키

TIP

한 셀에 두 줄 이상의 데이터 입력하기

❶ [B2] 셀에 '시군구'를 입력한 후 Alt + Enter 키를 누릅니다.

❷ '엑셀 2016'을 입력한 후 Enter 키를 누릅니다.

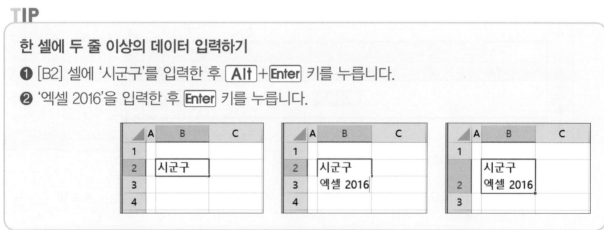

01 [A1] 셀을 클릭한 후, [홈] 탭-[글꼴] 그룹에서 글꼴(맑은 고딕 ▼) 아이콘의 목록 단추(▼)를 눌러 'HY수평선B'를 선택합니다.

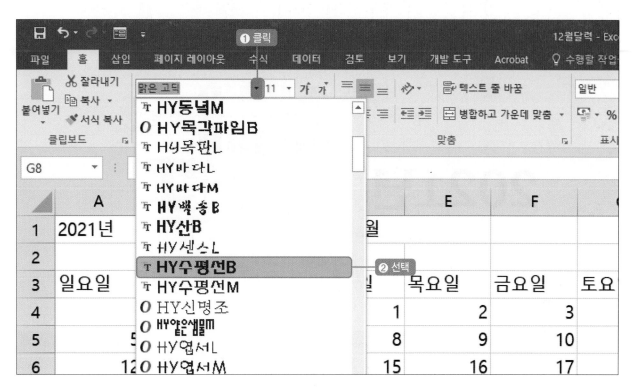

02 이어서, 글꼴 크기(11 ▼) 아이콘의 입력란에 '30'을 입력하고 **Enter** 키를 누릅니다.

TIP

엑셀 2016 글꼴 도구

❶ 글꼴　　　　❷ 글꼴 크기　　　❸ 글꼴 크기 크게　　❹ 글꼴 크기 작게
❺ 굵게　　　　❻ 기울임꼴　　　❼ 밑줄　　　　　　　❽ 테두리
❾ 채우기 색　　❿ 글꼴 색　　　⓫ 윗주 필드 표시/숨기기

03 [C1] 셀을 클릭한 후, [글꼴] 그룹에서 글꼴(맑은 고딕 ▼) 아이콘의 목록 단추(▼)를 눌러 'HY수평선B'를 선택합니다.

04 이어서, 글꼴 크기(11 ▼) 아이콘의 목록 단추(▼)를 눌러 '48'을 선택합니다.

05 [C1] 셀에서 글꼴 색() 아이콘의 목록 단추(▾)를 눌러 '파랑' 색을 선택합니다.

06 [A3] 셀부터 셀 병합된 [G9] 셀까지 드래그하여 영역을 지정한 후, 글꼴에 '궁서체', 글꼴 크기는 '12'를 지정합니다.

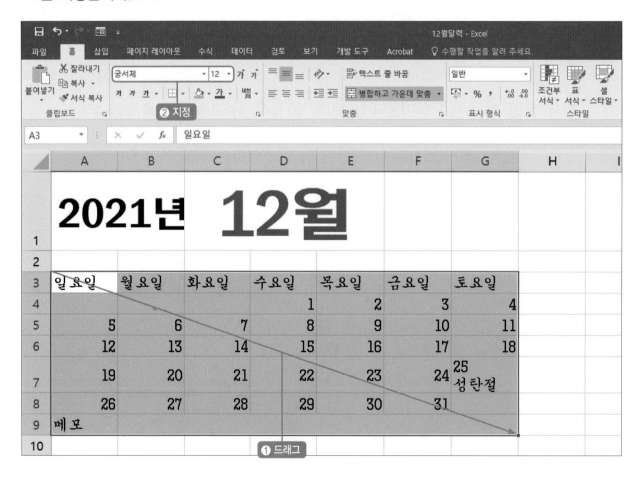

07 '일요일'과 '공휴일'에 글꼴 색을 지정하기 위하여 [A3:A8] 영역을 드래그한 후, **Ctrl** 키를 누른 상태에서 [G7] 셀을 클릭합니다.

08 [홈] 탭-[글꼴] 그룹에서 글꼴 색(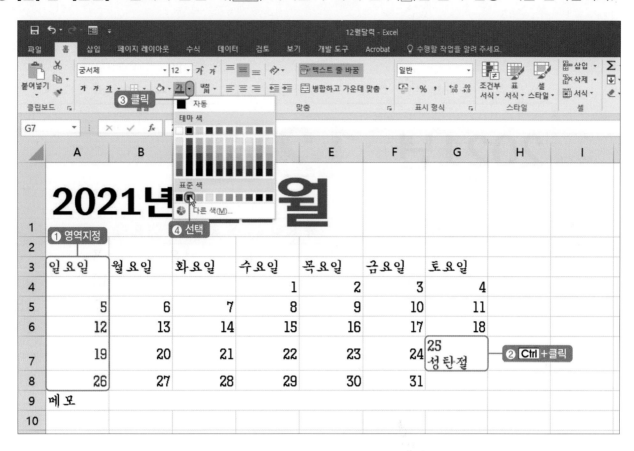) 아이콘의 목록 단추(▾)를 눌러 '빨강' 색을 선택합니다.

09 이어서, '토요일'에 글꼴 색을 지정하기 위하여 [G3:G6] 영역을 드래그한 후, 글꼴 색(가▾) 아이콘의 목록 단추(▾)를 눌러 '파랑' 색을 선택합니다.

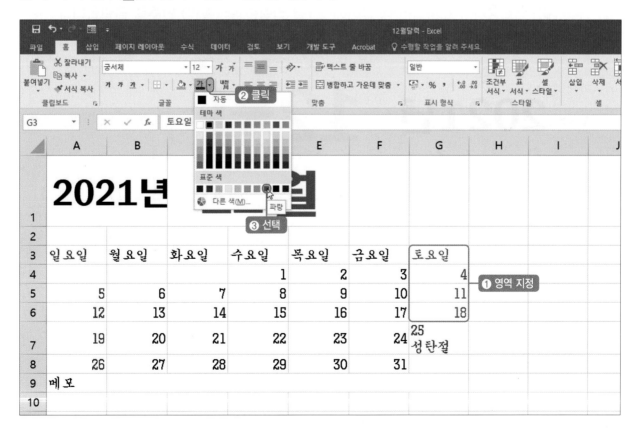

01 3행 머리글을 클릭한 후, 마우스 오른쪽 단추를 눌러 [행 높이]를 선택합니다.

02 [행 높이] 대화상자가 표시되면 행 높이에 '25'를 입력한 후 〈확인〉 단추를 클릭합니다.

03 4행 머리글에서 8행 머리글까지 마우스 왼쪽 단추를 누른채 드래그한 후, 마우스 오른쪽 단추를 눌러 [행 높이]를 선택합니다.

04 [행 높이] 대화상자가 표시되면 행 높이에 '45'를 입력한 후 〈확인〉 단추를 클릭합니다.

	A	B	C	D	E	F	G
1	2021년		12월				
2							
3	일요일	월요일	화요일	수요일	목요일	금요일	토요일
4				1	2	3	4
5	5	6			9	10	11
6	12	13			16	17	18
7	19	20			23	24	25 성탄절
8	26	27		29	30	31	
9	메모						

행 높이 ? ✕
행 높이(R): 45 ❶ 입력
확인 취소
❷ 클릭

05 9행 머리글을 클릭한 후, 마우스 오른쪽 단추를 눌러 [행 높이]를 선택합니다.

06 [행 높이] 대화상자가 표시되면 행 높이에 '58'을 입력한 후 〈확인〉 단추를 클릭합니다.

행 높이 ? ✕
행 높이(R): 58 ❶ 입력
확인 취소
❷ 클릭

07 이번에는 열 너비를 변경시키기 위하여 A열 머리글에서 G열 머리글까지 마우스 왼쪽 단추를 누른채 드래그 합니다.

08 이어서, 마우스 오른쪽 단추를 눌러 [열 너비]를 선택합니다.

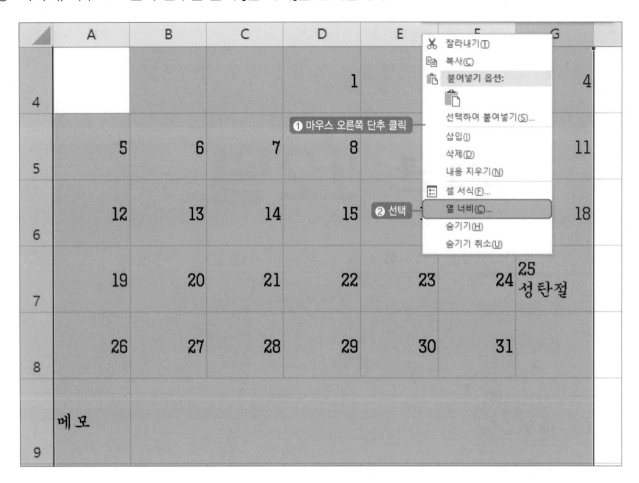

09 [열 너비] 대화상자가 표시되면 열 너비에 '13'을 입력한 후 〈확인〉 단추를 클릭합니다.

TIP

[홈] 탭-[셀] 그룹에서 행의 높이와 열의 너비 조절하기
❶ 행 높이 : 행 머리글 클릭 → [홈] 탭-[셀] 그룹-[서식]-[행 높이]를 선택
❷ 열 너비 : 열 머리글 클릭 → [홈] 탭-[셀] 그룹-[서식]-[열 너비]를 선택

10 행의 높이와 열의 너비가 다음과 같이 달라진 것을 확인합니다.

	A	B	C	D	E	F	G	H
1	**2021년**		**12월**					
2								
3	일요일	월요일	화요일	수요일	목요일	금요일	토요일	
4				1	2	3	4	
5	5	6	7	8	9	10	11	
6	12	13	14	15	16	17	18	
7	19	20	21	22	23	24	25 성탄절	
8	26	27	28	29	30	31		
9	메모							

TIP

드래그를 이용하여 행의 높이와 열의 너비 조절하기

- 행과 행 사이(⬍) 또는 열과 열 사이(⬌)의 경계선에 마우스 포인터를 위치시키면 마우스 포인터의 모양이 변경됩니다.
- 이때, 마우스 왼쪽 단추를 누른 상태에서 원하는 만큼 드래그 할 경우 행 또는 열의 너비를 변경시킬 수 있습니다.
- 열의 너비 조절하기

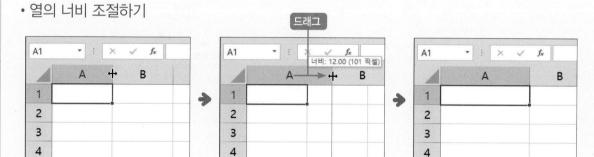

- 행의 높이 조절하기

01 [A3:G9] 영역을 드래그 합니다.

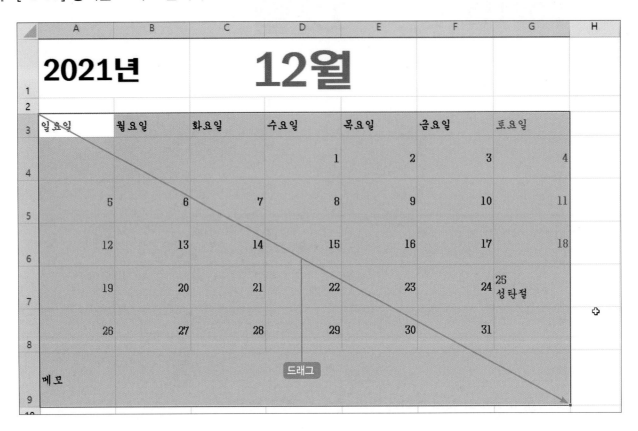

02 [셀 서식]의 바로 가기 키인 **Ctrl**+**1** 키를 누른 후, [셀 서식] 대화상자가 표시되면 [테두리] 탭을 클릭합니다.

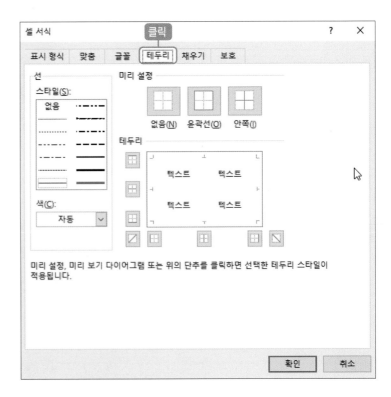

03 미리 설정 항목 중 윤곽선(▦)과 안쪽(▦)을 차례대로 클릭한 후, 테두리 스타일이 제대로 적용되었는지 미리 보기 다이어그램을 통해서 확인합니다.

04 확인이 완료되었으면 〈확인〉 단추를 클릭합니다.

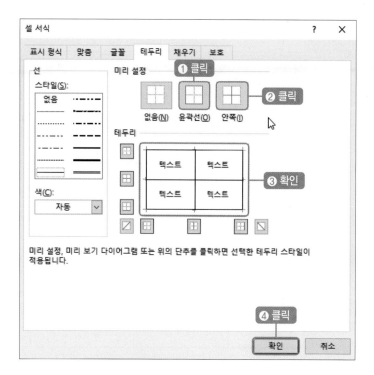

05 [A3:G9] 영역의 바깥쪽과 안쪽에 테두리 선이 지정된 것을 확인합니다.

	A	B	C	D	E	F	G	H
1	2021년			12월				
2								
3	일요일	월요일	화요일	수요일	목요일	금요일	토요일	
4				1	2	3	4	
5	5	6	7	8	9	10	11	
6	12	13	14	15	16	17	18	
7	19	20	21	22	23	24	25 성탄절	
8	26	27	28	29	30	31		
9	메모							

06 [A3:G3] 영역을 드래그한 후 **Ctrl** 키를 누른 상태에서 [A9] 셀을 클릭합니다.

	A	B	C	D	E	F	G	H
1 2	**2021년**			**12월**		❶ 드래그		
3	일요일	월요일	화요일	수요일	목요일	금요일	토요일	
4				1	2	3	4	
5	5	6	7	8	9	10	11	
6	12	13	14	15	16	17	18	
7	19	20	21	22	23	24	25 성탄절	
8	26	27	28	29	30	31		
9	메모	❷ Ctrl+클릭						

07 [셀 서식]의 바로 가기 키인 **Ctrl**+**1** 키를 누른 후, [셀 서식] 대화상자가 표시되면 [맞춤] 탭을 클릭합니다.

08 텍스트 맞춤 가로 항목에서 목록 단추(▾)를 눌러 '가운데'를 선택한 후 〈확인〉 단추를 클릭합니다.(또는, [홈] 탭–[맞춤] 그룹에서 가운데 맞춤(≡) 아이콘을 클릭합니다.)

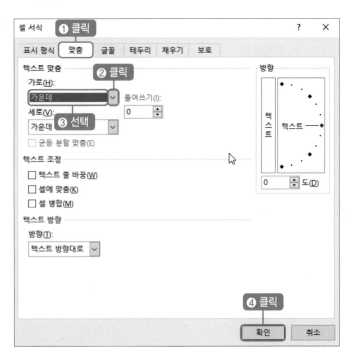

09 [A4:G8] 영역을 드래그한 후 Ctrl + 1 키를 눌러 [셀 서식] 대화상자가 표시되면 [맞춤] 탭을 클릭합니다.

10 텍스트 맞춤 가로 항목에서 목록 단추(⏷)를 눌러 '오른쪽 (들여쓰기)'를 선택한 후, 들여쓰기 값에 '1'을 입력하고 세로 항목에서 목록 단추(⏷)를 눌러 '위쪽'을 선택한 다음 〈확인〉 단추를 클릭합니다.

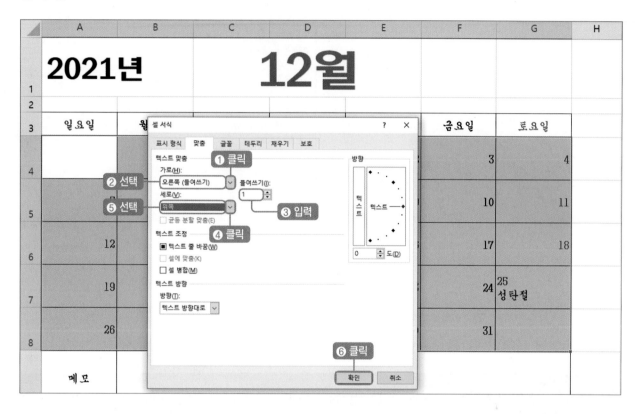

11 다음과 같이 [A4:G8] 영역의 내용이 정렬된 것을 확인합니다.

12 [A1] 셀을 클릭한 후, **Ctrl**+**1** 키를 눌러 [셀 서식] 대화상자가 표시되면 [맞춤] 탭을 클릭합니다.

13 텍스트 맞춤 세로 항목에서 목록 단추(▼)를 눌러 '아래쪽'을 선택한 후 〈확인〉 단추를 클릭합니다. (또는, [홈] 탭-[맞춤] 그룹에서 아래쪽 맞춤(☰) 아이콘을 클릭합니다.)

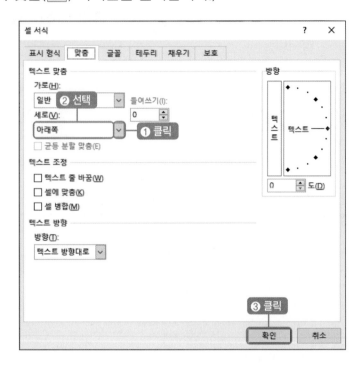

14 [C1] 셀을 클릭한 후 [홈] 탭-[맞춤] 그룹에서 아래쪽 맞춤(☰) 아이콘을 클릭합니다.

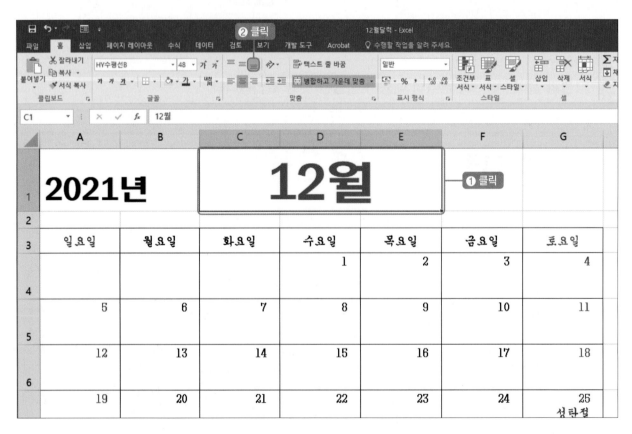

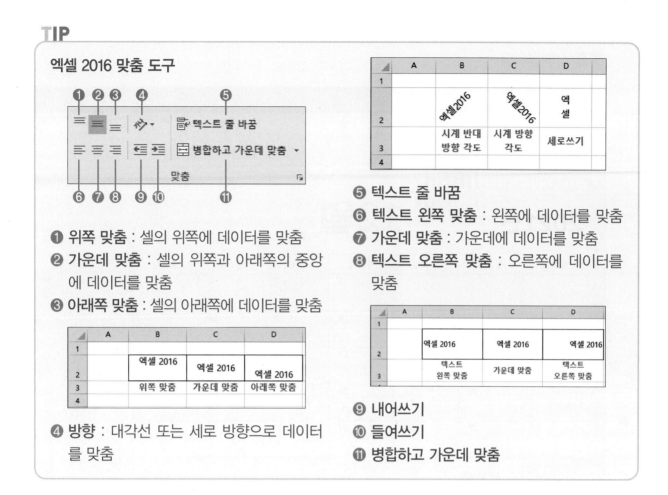

엑셀 2016 맞춤 도구

❶ **위쪽 맞춤** : 셀의 위쪽에 데이터를 맞춤

❷ **가운데 맞춤** : 셀의 위쪽과 아래쪽의 중앙에 데이터를 맞춤

❸ **아래쪽 맞춤** : 셀의 아래쪽에 데이터를 맞춤

❹ **방향** : 대각선 또는 세로 방향으로 데이터를 맞춤

❺ **텍스트 줄 바꿈**

❻ **텍스트 왼쪽 맞춤** : 왼쪽에 데이터를 맞춤

❼ **가운데 맞춤** : 가운데에 데이터를 맞춤

❽ **텍스트 오른쪽 맞춤** : 오른쪽에 데이터를 맞춤

❾ **내어쓰기**

❿ **들여쓰기**

⓫ **병합하고 가운데 맞춤**

15 [A3:G3] 영역을 드래그한 후, [홈] 탭 −[글꼴] 그룹에서 채우기 색( ) 아이콘의 목록 단추( ) 를 눌러 '황금색, 강조 4'를 선택합니다.

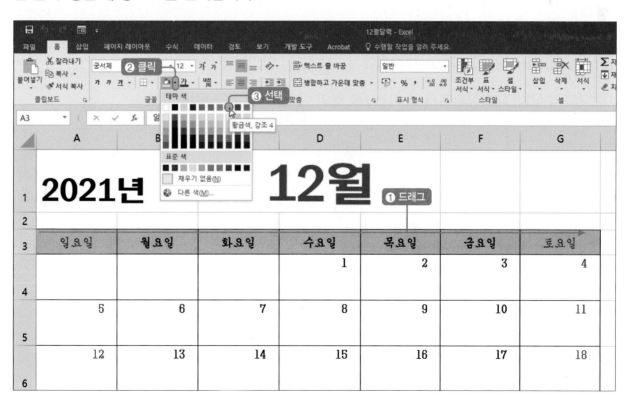

16 [A9] 셀을 클릭한 후, 채우기 색(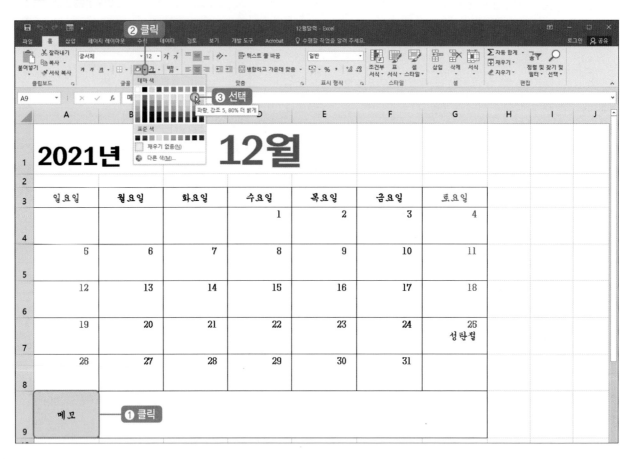) 아이콘의 목록 단추(▼)를 눌러 '파랑, 강조5, 80% 더 밝게'를 선택합니다.

06 그림 삽입하기

01 [삽입] 탭-[일러스트레이션] 그룹에서 그림(🖼) 아이콘을 클릭합니다.

02 [그림 삽입] 대화상자에서 '스키.jpg'를 찾아 〈삽입〉 버튼을 클릭합니다.

03 삽입된 그림을 클릭한 후, [그림 도구]-[서식]-[색]-[투명한 색 설정]을 선택하고, 그림 배경을 클릭합니다.

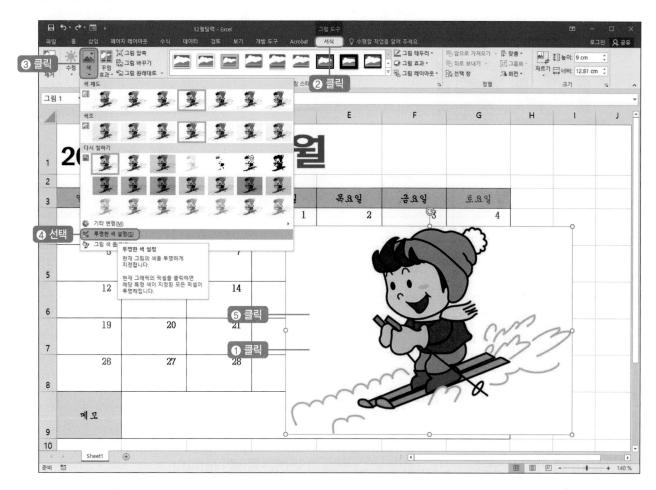

04 그림 배경이 투명한 색으로 설정된 것을 확인하고, 그림을 적당한 크기로 줄인다음 [G1] 셀에 위치시켜 줍니다.

	A	B	C	D	E	F	G
1	2021년		12월				
2							
3	일요일	월요일	화요일	수요일	목요일	금요일	토요일
4				1	2	3	4
5	5	6	7	8	9	10	11
6	12	13	14	15	16	17	18
7	19	20	21	22	23	24	25 성탄절
8	26	27	28	29	30	31	

05 이어서, 그림의 조절점을 마우스로 드래그하여 [G1:G2] 영역에 그림이 놓이도록 해 줍니다.

06 [삽입] 탭-[일러스트레이션] 그룹에서 그림(🖼) 아이콘을 클릭합니다.

07 [그림 삽입] 대화상자에서 '눈사람.png'를 찾아 〈삽입〉 버튼을 클릭합니다.

08 삽입된 그림을 클릭한 후, [그림 도구]-[서식]-[색]-[투명한 색 설정]을 선택하고, 그림 배경을 클릭합니다.

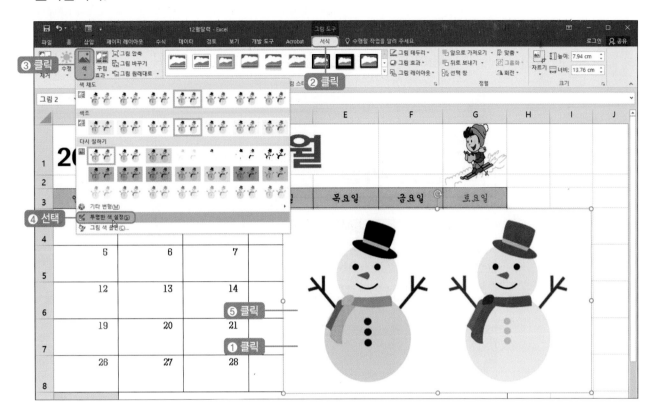

09 삽입된 그림을 적당한 크기로 줄인다음 드래그하여 [G9] 셀에 위치시킨 후, 그림의 조절점을 마우스로 드래그하여 [F8:G9] 영역 안에 놓이도록 해 줍니다.

	A	B	C	D	E	F	G	H	I	J
1	**2021년**			**12월**						
2										
3	일요일	월요일	화요일	수요일	목요일	금요일	토요일			
4				1	2	3	4			
5	5	6	7	8	9	10	11			
6	12	13	14	15	16	17	18			
7	19	20	21	22	23	24	25 성탄절			
8	26	27	28	29	30	31				
9	메모									

10 작업 내용이 완료되었으면 [파일] 탭-[저장]을 클릭하여 작업한 내용을 저장합니다.

◉ **예제파일** : 낱말퍼즐.xlsx ◉ **완성파일** : 낱말퍼즐(완성).xlsx

1 다음과 같이 서식을 지정하여 문서를 완성해 보세요.

	A	B	C	D	E	F	G	H	I
1									
2			**낱말 퍼즐**						
3									
4		①							
5		③	②						
6									
7									
8		[세로 문제]							
9		① 복된 좋은 운수							
10		② 시골 길가에서 밥과 술을 팔고, 돈을 받고 나그네를 묵게 하는 집							
11		[가로 문제]							
12		③ 복을 비는 뜻으로 주로 정초에 어린이에게 매어 주는 두루주머니							
13									

HINT
❶ [B2:E2] 영역 : 병합하고 가운데 맞춤, 글꼴 'HY동녘B', 글꼴 크기 '20', 테두리 실선
❷ 2행, 4행~6행 : 행 높이 '40'
❸ B열~E열 : 열 너비 '6'
❹ [B4:E6] 영역 : 모든 테두리 실선
❺ [C4:E4], [B6], [D6:E6] 영역 : 채우기 색 '주황'

◄ **예제파일** : 친목회회원명단.xlsx   ◄ **완성파일** : 친목회회원명단(완성).xlsx

2 다음과 같이 서식을 지정하여 문서를 완성해 보세요.

	A	B	C	D	E	F	G	H
1								
2					친목회 회원 명단			
3								
4		구분	성명	성별	나이	회비내역	연락처	주소
5		회장	이명수	남자	55	완납	010-538-6969	서울시 강남구
6		부회장	박은자	여자	52	완납	010-888-3215	서울시 도봉구
7		총무	김미연	여자	48	완납	010-474-6585	경기도 하남시
8		정회원	황진구	남자	47	미납	010-233-5454	인천시 동구
9		정회원	박성호	남자	50	미납	010-758-9995	경기도 고양시
10		정회원	이은정	여자	45	완납	010-236-8895	서울시 양천구
11		정회원	민경미	여자	42	완납	010-869-6789	경기도 용인시
12		정회원	최경호	남자	48	미납	010-889-5534	서울시 서초구
13								
14								

HINT ❶ [B2:H2] 영역 : 병합하고 가운데 맞춤, 글꼴 크기 '20', '굵게', 글꼴 색 '파랑'

❷ [B4:H12] 영역 : 가로 가운데 맞춤, 모든 테두리 실선

❸ G열~H열 : 열 너비 '13'

❹ [B4:H4] 영역 : 채우기 색 '주황, 강조2', 글꼴 색 '흰색, 배경 1', '굵게'

❺ [B8:H9], [B12:H12] 영역 : 채우기 색 '회색–25%, 배경2'

04 CHAPTER 워크시트 다루기

⊙ **예제파일** : 일정안내.xlsx   ⊙ **완성파일** : 일정안내(완성).xlsx

✱ 이번 장에서는

엑셀 통합 문서에 워크시트를 추가 또는 삭제하거나 워크시트를 복사하고 이동할 수 있습니다.

이번 장에서는 워크시트를 자유자재로 다루는 방법에 대해 알아보겠습니다.

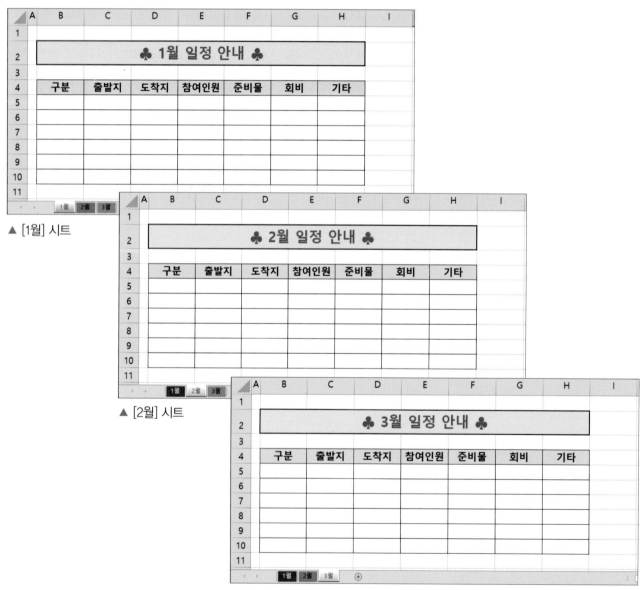

▲ [1월] 시트

▲ [2월] 시트

▲ [3월] 시트

01 엑셀 2016 프로그램을 실행한 후, [파일] 탭–[열기]–[찾아보기]를 클릭하여 '일정안내.xlsx' 파일을 불러옵니다.

02 워크시트 하단의 [Sheet1]을 클릭한 후, 마우스 오른쪽 단추를 눌러 표시되는 메뉴 중 [이동/복사]를 선택합니다.

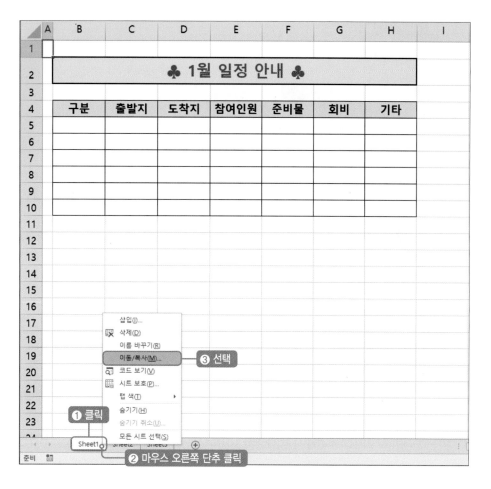

03 [이동/복사] 대화상자가 표시되면 '복사본 만들기'를 선택한 후, 다음 시트의 앞에 항목 중 'Sheet2'를 선택하고 〈확인〉 단추를 클릭합니다.

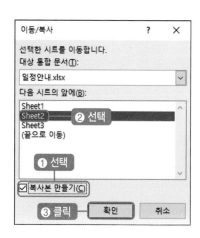

04 다음과 같이 [Sheet2] 앞에 [Sheet1]의 내용과 동일한 내용의 [Sheet1 (2)]가 생성된 것을 확인합니다.

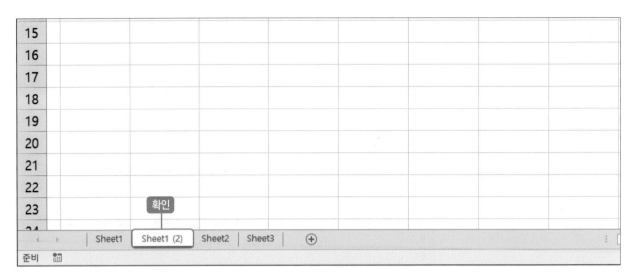

05 이어서, [Sheet1]을 클릭하여 선택한 후, Ctrl 키를 누른 상태에서 [Sheet1]을 [Sheet1 (2)] 뒤로 드래그 합니다.

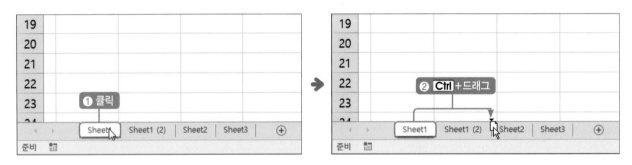

06 다음과 같이 [Sheet1]이 [Sheet1 (3)]으로 복사되어 하나 더 만들어진 것을 확인합니다.

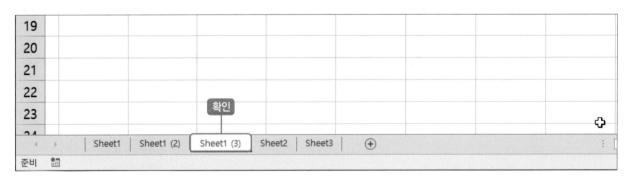

07 [Sheet1], [Sheet1 (2)], [Sheet1 (3)]을 클릭하여 각 시트의 내용을 확인합니다.

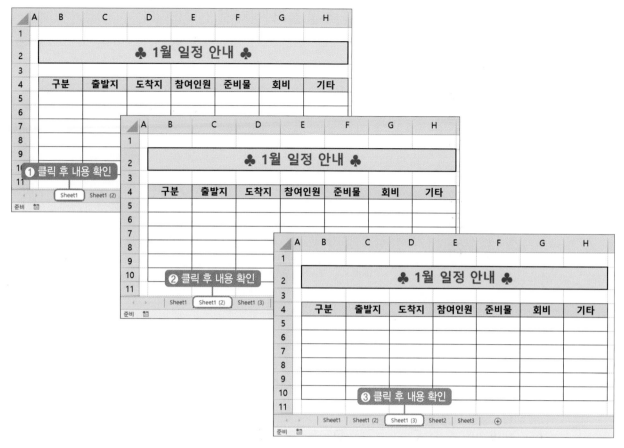

TIP

워크시트의 이동

❶ [Sheet1]에서 마우스 오른쪽 단추를 누른 후 [이동/복사]를 클릭합니다.

❷ 다음 시트의 앞에 항목 중 'Sheet3'을 선택하고 〈확인〉 단추를 클릭합니다.

❸ [Sheet1]이 [Sheet3] 앞으로 이동한 것을 확인합니다.

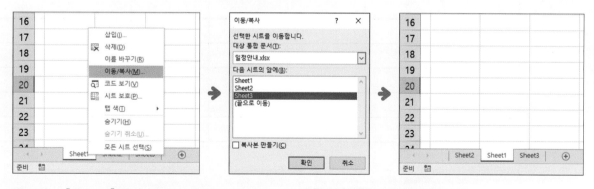

❹ 또는, [Sheet1]에서 마우스 왼쪽 단추를 누른채 [Sheet2] 뒤로 이동합니다.

08 [Sheet1]의 내용과 동일한 내용의 시트 탭이 생성된 것을 확인합니다.

09 [Sheet2]를 클릭한 후, 마우스 오른쪽 단추를 눌러 [삭제]를 선택합니다.

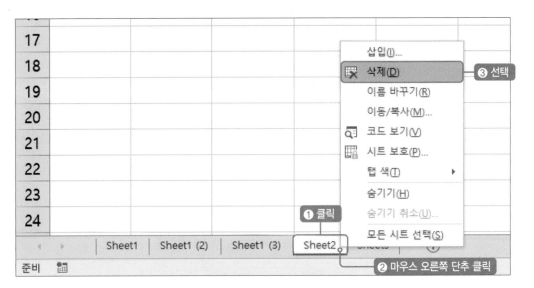

10 [Sheet2]가 삭제된 것을 확인한 후, [Sheet3]을 클릭합니다.

11 [홈] 탭의 [셀] 그룹에서 [삭제]-[시트 삭제]를 선택하여 [Sheet3]도 삭제하고 확인합니다.

01 [Sheet1]을 클릭하여 선택한 후, 마우스 오른쪽 단추를 눌러 [이름 바꾸기]를 선택합니다.

02 시트 탭의 이름으로 '1월'을 입력한 후 Enter 키를 누릅니다.

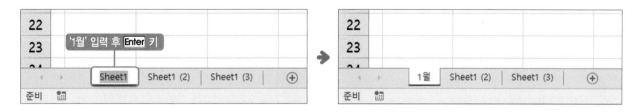

03 [Sheet1 (2)]를 더블 클릭한 후 시트 탭의 이름을 '2월'로 변경하고 Enter 키를 누릅니다.

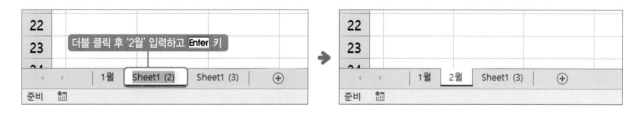

04 [Sheet1 (3)]을 더블 클릭한 후 시트 탭의 이름을 '3월'로 변경하고 Enter 키를 누릅니다.

05 [2월] 시트 탭을 클릭한 후, [B2] 셀을 클릭합니다.

06 F2 키를 눌러 편집 상태로 전환되면 '♣ 1월 일정 안내 ♣'를 '♣ 2월 일정 안내 ♣'로 수정하고 Enter 키를 누릅니다.

	A	B	C	D	E	F	G	H
1					'1월'을 '2월'로 수정하고 Enter 키			
2				♣ 2월 일정 안내 ♣				
3								
4		구분	출발지	도착지	참여인원	준비물	회비	기타
5								
6								
7								
8								
9								
10								
11								

1월 2월 3월 ⊕

편집

07 [3월] 시트의 [B2] 셀 내용도 '♣ 1월 일정 안내 ♣'를 '♣ 3월 일정 안내 ♣'로 수정하고 Enter 키를 누릅니다.

08 [1월] 시트 탭에서 마우스 오른쪽 단추를 누른 후, [탭 색] 메뉴를 선택하고 테마 색의 '청회색, 텍스트 2'를 클릭합니다.

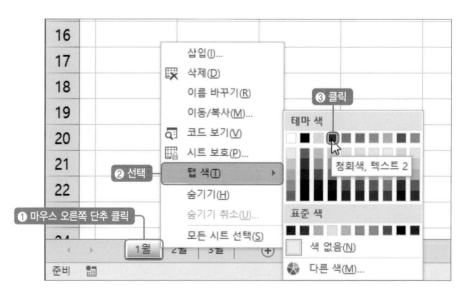

09 [2월] 시트 탭에서 마우스 오른쪽 단추를 누른 후, [탭 색] 메뉴를 선택하고 테마 색의 '주황, 강조 2'를 클릭합니다.

10 [3월] 시트 탭에서 마우스 오른쪽 단추를 누른 후, [탭 색] 메뉴를 선택하고 테마 색의 '녹색, 강조6'를 클릭합니다.

▲ [2월] 시트 탭 색 변경　　　　　　　　　▲ [3월] 시트 탭 색 변경

11 다음과 같이 시트 탭 색이 변경된 것을 확인합니다.

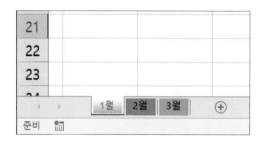

---

03 | 새 시트 삽입하기

01 새 시트를 삽입한 후, 데이터를 추가로 입력하고자 할 때 사용합니다.

02 [3월] 시트 오른쪽의 새 시트(⊕)을 클릭합니다.

03 새 시트인 [Sheet12]이 마우스 포인터가 위치한 시트 탭 뒤에 생성된 것을 확인합니다.

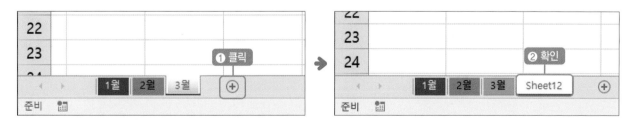

TIP

새롭게 생성된 시트 탭의 이름은 'Sheet' 뒤에 일련번호(1, 2, …)가 붙어 표시되며, 상황에 따라 일련번호가 다르게 나타날 수 있습니다.

04 [2월] 시트를 클릭한 후, 마우스 오른쪽 단추를 눌러 [삽입]을 선택합니다.

05 [삽입] 대화상자가 표시되면 [일반] 탭에서 '워크시트'를 선택하고 〈확인〉 단추를 클릭합니다.

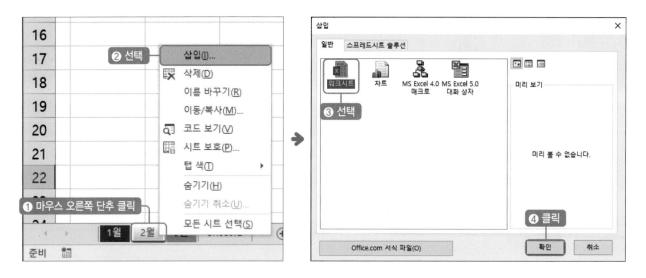

06 다음과 같이 [2월] 시트 앞에 새 시트([Sheet13])가 생성된 것을 확인합니다.

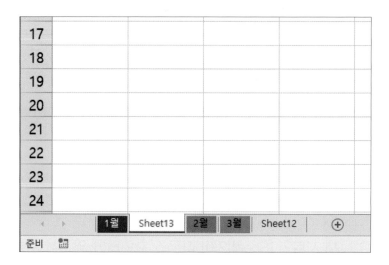

TIP

특정 시트에서 마우스 오른쪽 단추를 눌러 바로 가기 메뉴−[삽입]을 선택할 경우 현재 선택된 시트의 바로 앞에 새 시트를 삽입할 수 있습니다.

07 새로 삽입된 [Sheet12]과 [Sheet13]을 삭제해 줍니다.

08 작업 내용이 완료되었으면 [파일] 탭−[저장]을 클릭하여 작업한 내용을 저장합니다.

1 다음과 같이 시트를 추가한 후 시트 이름과 탭 색을 변경해 보세요.

◦ **예제파일** : 없음　◦ **완성파일** : 색이름시트(완성).xlsx

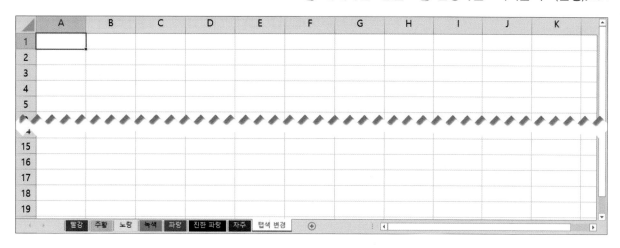

HINT　❶ 7개의 새 시트 추가

　　　❷ [Sheet1] 시트부터 [Sheet8] 시트까지 순서대로 '빨강', '주황', '노랑', '녹색', '파랑', '진한 파랑', '자주', '탭색 변경'으로 시트 이름을 변경

　　　❸ [빨강] 시트부터 [자주] 시트까지 각각의 시트명과 동일한 색으로 탭 색 변경

2 다음과 같이 시트를 삽입하고 시트 복사 및 이름을 변경해 보세요.

◦ **예제파일** : 시트이동.xlsx　◦ **완성파일** : 시트이동(완성).xlsx

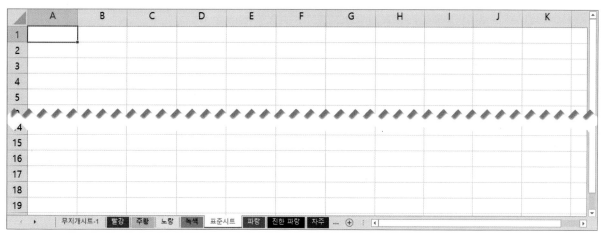

HINT　❶ [탭색 변경] 시트 삭제

　　　❷ 새 시트를 이용하여 새로운 시트 삽입 후 [무지개시트]로 이름 변경

　　　❸ [빨강] 시트 앞으로 [무지개시트]를 복사한 후, 시트 이름을 [무지개시트-1]로 변경

　　　❹ [파랑] 시트에서 마우스 오른쪽 단추를 눌러 바로 가기 메뉴-[삽입]을 선택하여 시트를 삽입하고 시트 이름을 [표준시트]로 변경

개체를 활용한 앨범 만들기

◑ **예제파일** : 앨범만들기.xlsx   ◑ **완성파일** : 앨범만들기(완성).xlsx

✖ 이번 장에서는

엑셀 2016에서 제공하는 WordArt(워드아트), 그림 개체, SmartArt 그래픽 및 테마를 이용하여 앨범을 만드는 방법에 대해 알아보겠습니다.

01 엑셀 2016 프로그램을 실행한 후, [파일] 탭-[열기]-[찾아보기]를 클릭하여 '앨범만들기.xlsx' 파일을 불러옵니다.

02 [삽입] 탭-[텍스트] 그룹에서 [WordArt]를 클릭한 후 '채우기 – 주황, 강조 2, 윤곽선 – 강조 2'을 클릭합니다.

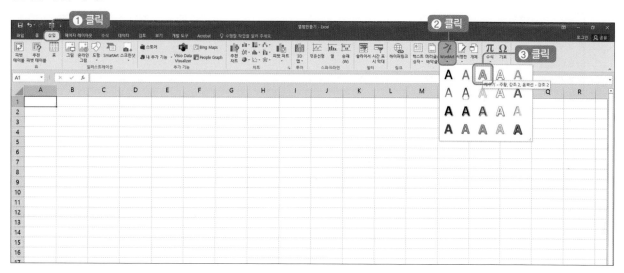

03 워크시트에 '필요한 내용을 적으십시오.'라는 워드아트가 삽입되면 '앨범 만들기'를 입력합니다.

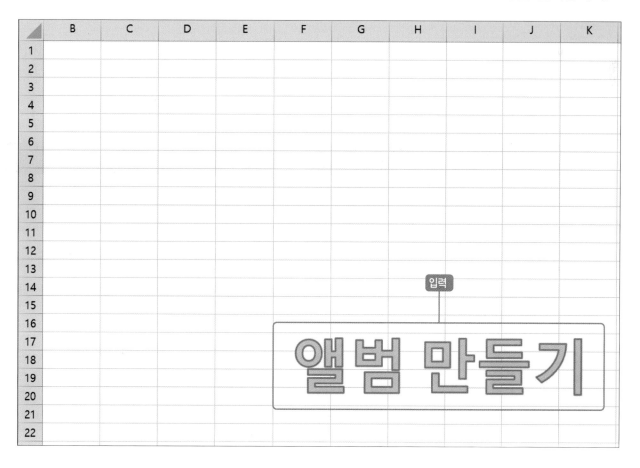

04 입력한 '앨범 만들기'를 드래그한 후, [홈] 탭−[글꼴] 그룹에서 글꼴은 'HY엽서M', 글꼴 크기는 '36'을 지정합니다.

05 이어서, '앨범 만들기' 워드아트를 [B1:E4] 영역 안에 놓이도록 드래그하여 이동시켜 줍니다.

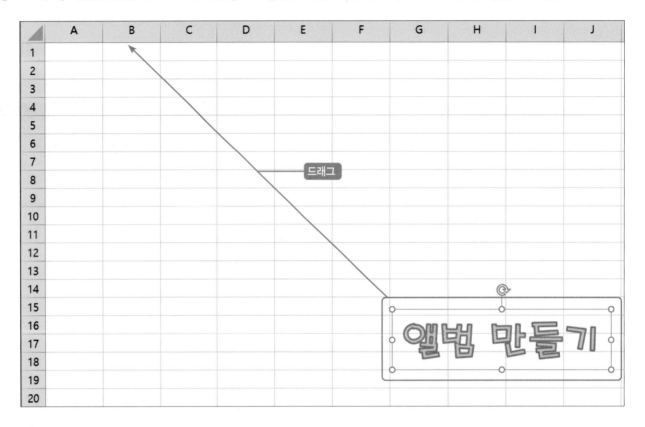

06 A열의 너비를 '3'으로 줄이기 위해 A열 머리글을 클릭한 후, 마우스 오른쪽 단추를 눌러 [열 너비]를 선택합니다.

07 [열 너비] 대화상자가 표시되면 열 너비에 '3'을 입력한 후 〈확인〉 단추를 클릭합니다.

01 [삽입] 탭-[일러스트레이션] 그룹에서 [도형]을 클릭한 후, [블록 화살표]-[오각형]을 클릭합니다.

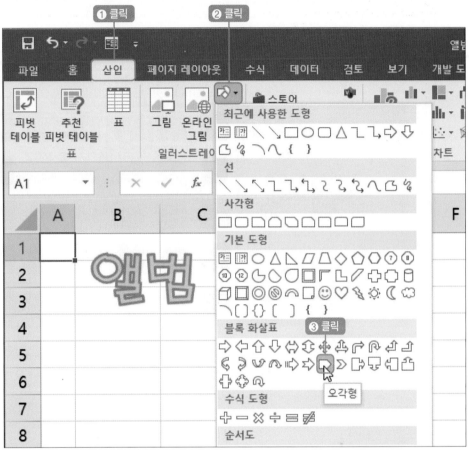

02 [B5:E9] 영역 안에 오각형 도형이 놓일 수 있도록 드래그하여 그려줍니다.

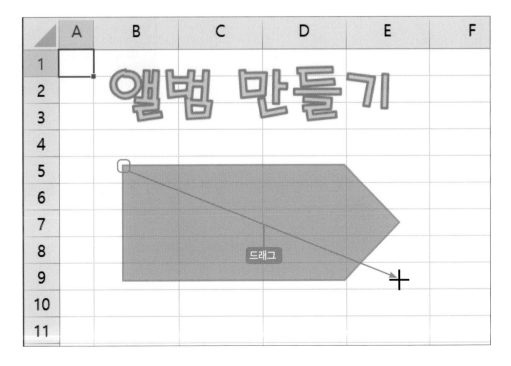

03 [그리기 도구]-[서식] 탭의 [도형 스타일] 그룹에서 자세히(▽) 단추를 클릭한 후 '색 채우기 - 주황, 강조 2' 스타일을 클릭합니다.

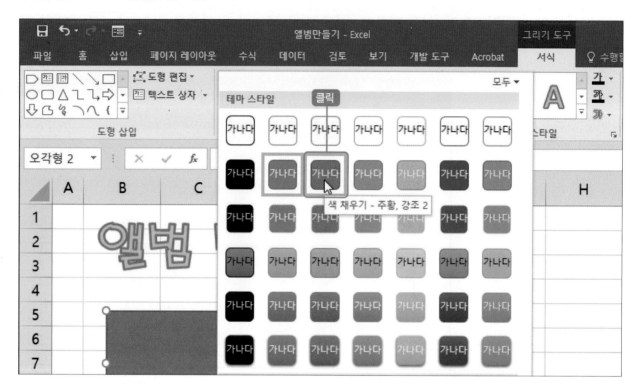

04 오각형 도형에 '2021. 05. 05.' Enter 키, 'A스튜디오에서'라는 글자를 입력합니다.

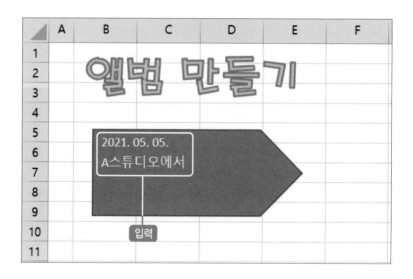

05 입력한 글자를 드래그하여 영역을 지정한 후, [홈] 탭-[글꼴] 그룹에서 글꼴에 'HY나무B', 글자 크기는 '15'을 입력합니다.

06 이어서, [맞춤] 그룹에서 가운데 맞춤(≡), 가운데 맞춤(≡) 아이콘을 각각 클릭합니다.

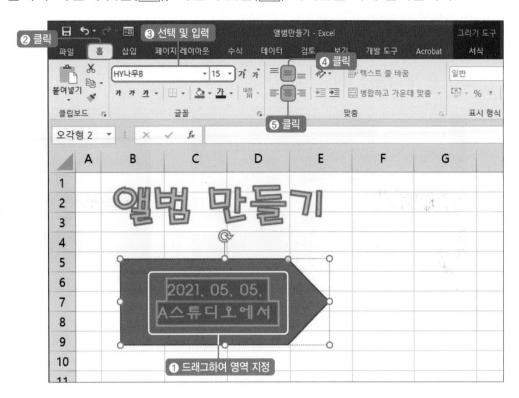

03 그림 삽입 및 편집하기

01 [삽입] 탭-[일러스트레이션] 그룹에서 그림(🖼)을 클릭합니다.

02 [그림 삽입] 대화상자가 표시되면 '아기1.jpg' 파일을 선택한 후 〈삽입〉 단추를 클릭합니다.

03 불러온 이미지에서 일부분을 잘라내기 위해 [그림 도구]-[서식] 탭-[크기] 그룹의 자르기(⬚) 아이콘을 클릭합니다.

04 이미지 테두리에 자르기 핸들(⌐, ⊏, ⌐, ▮)이 표시되면 자르기 핸들에서 마우스 왼쪽 단추를 누른 채 다음과 같이 드래그합니다.

05 자르기가 모두 끝나면 **Esc** 키를 눌러줍니다.

06 이어서, 이미지의 조절점을 드래그하여 이미지의 크기를 다음과 같이 줄여줍니다.

07 크기가 줄어든 이미지를 다음과 같이 [F4:H10] 영역 안에 놓이도록 드래그 합니다.

08 이미지가 선택된 상태에서 [그림 도구]-[서식] 탭-[그림 스타일] 그룹의 '단순형 프레임, 흰색' 스타일을 클릭하여 지정합니다.

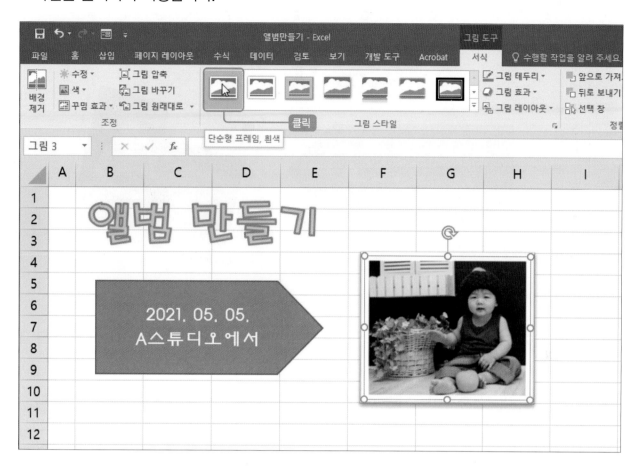

09 흰색 회전 핸들( )을 시계 반대 방향으로 드래그하여 이미지를 기울여 줍니다.

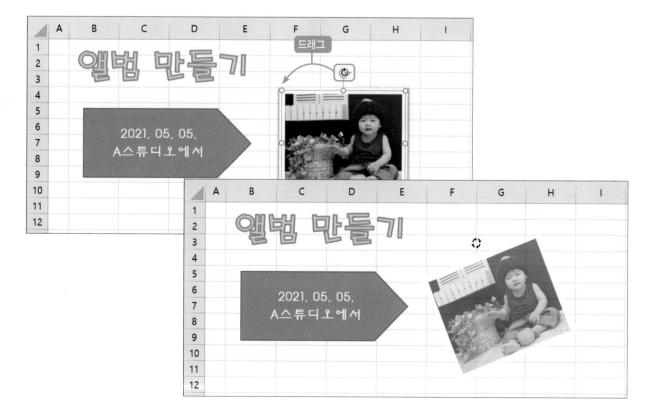

10 다음과 같이 기울어진 이미지를 확인합니다.

11 두 번째 이미지를 불러오기 위하여 [삽입] 탭-[일러스트레이션] 그룹에서 그림(📷)을 클릭합니다.

12 [그림 삽입] 대화상자가 표시되면 '아기2.jpg' 파일을 선택한 후 〈삽입〉 단추를 클릭합니다.

13 이미지의 크기를 줄이기 위하여 [그림 도구]–[서식] 탭 –[크기] 그룹의 크기 및 속성(⬚) 단추를 클릭합니다.

14 [그림 서식] 작업창의 〈크기〉 항목에서 '가로 세로 비율 고정'의 체크 표시를 해제한 후 높이에 '3.2'cm, 너비에 '5'cm를 각각 입력합니다.

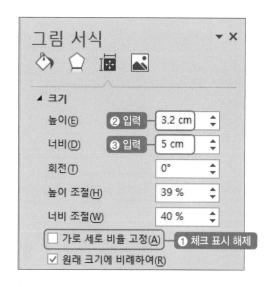

15 이어서, 이미지 스타일을 변경시키기 위하여 [그림 도구]–[서식] 탭의 [그림 스타일] 그룹에서
자세히(⊡) 단추를 클릭한 후 '입체 직사각형' 스타일을 클릭합니다.

16 이미지에 테두리 색을 지정하기 위해서 [그림 도구]–[서식] 탭–[그림 스타일] 그룹에서
📝 그림 테두리 ▾ 를 클릭한 후 '파랑, 강조 5, 50% 더 어둡게'를 선택합니다.

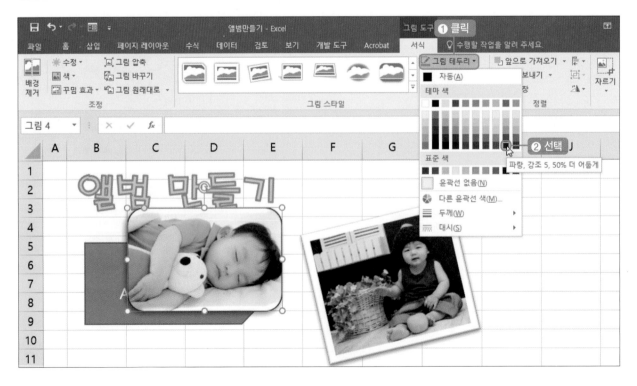

17 이어서, 테두리 두께를 변경하기 위하여 [그림 도구]-[서식] 탭-[그림 스타일] 그룹에서 그림 테두리 ▾ 를 클릭한 후 [두께]-[4½pt]를 클릭합니다.

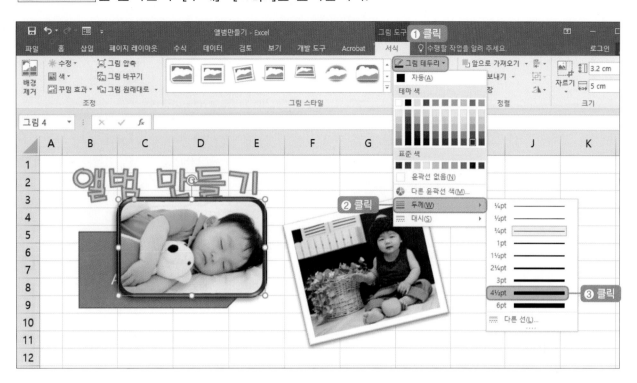

18 이미지가 다음과 같이 [I4:K12] 영역 안에 놓이도록 드래그하여 이동시켜 줍니다.

19 세 번째 이미지를 불러오기 위하여 [삽입] 탭-[일러스트레이션] 그룹에서 그림(🖼)을 클릭한 후, '아기3.jpg' 파일을 불러옵니다.

20 이미지의 크기를 줄이기 위하여 [그림 도구]-[서식] 탭-[크기] 그룹의 크기 및 속성(🖻) 단추를 클릭합니다.

21 [그림 서식] 작업창의 〈크기〉 항목에서 '가로 세로 비율 고정'의 체크 표시를 해제한 후 높이에 '4.5'cm, 너비에 '3'cm를 각각 입력합니다.

22 [그림 도구]-[서식] 탭의 [그림 스타일] 그룹에서 자세히(▽) 단추를 클릭한 후 '대각선 방향의 모서리 잘림, 흰색' 스타일을 클릭합니다.

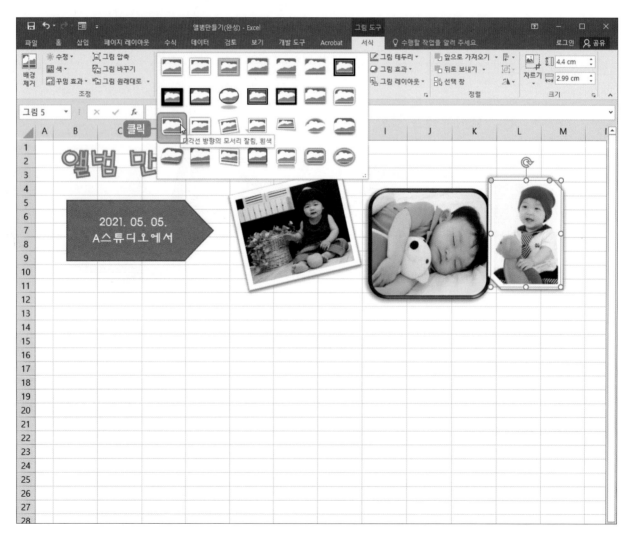

23 이미지가 다음과 같이 [L3:M11] 영역 안에 놓이도록 드래그하여 이동시켜 줍니다.

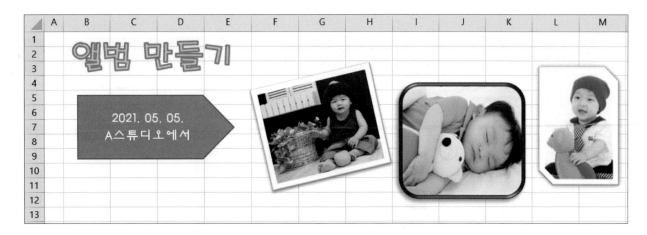

24 [B5:E9] 영역의 오각형 도형을 클릭한 후, **Shift**+**Ctrl** 키를 누른 상태에서 [B13:E17] 영역으로 드래그하여 도형을 복사합니다.

TIP

Shift+**Ctrl** 키를 누른 상태에서 도형을 드래그하여 복사할 경우 원본 도형의 좌/우측 위치가 동일하게 복사됩니다.

25 복사된 도형의 내용을 **Delete** 키로 삭제한 후, '내가 여행하고 싶은 해외 여행지 베스트3'을 입력합니다.

'내가 여행하고 싶은' **Enter** 키, '해외 여행지' **Enter** 키, '베스트3'

26 이어서, [그리기 도구]-[서식] 탭의 [도형 스타일] 그룹에서 자세히(▾) 단추를 클릭한 후 '강한 효과 - 파랑, 강조 1' 스타일을 클릭합니다.

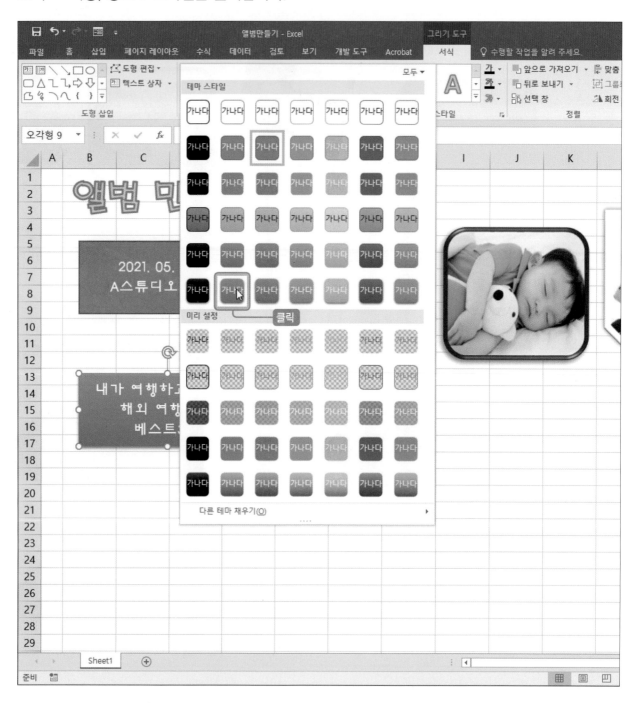

04 SmartArt(스마트아트) 그래픽 삽입 및 편집하기

01 [삽입] 탭-[일러스트레이션] 그룹에서 SmartArt 그래픽 삽입(🔲)을 클릭합니다.

02 [SmartArt 그래픽 선택] 대화상자가 표시되면 [그림]에서 [벤딩 그림 설명형]을 선택한 후 〈확인〉 단추를 클릭합니다.

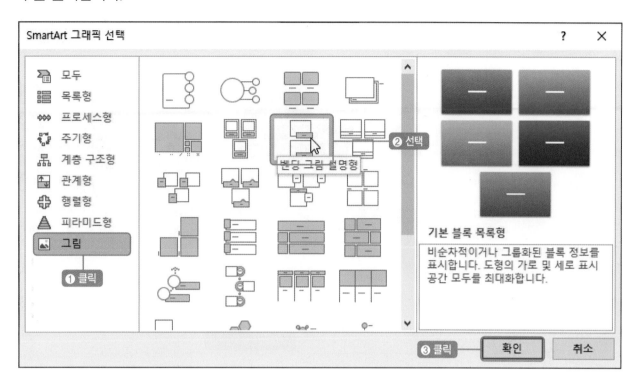

03 왼쪽의 [텍스트 입력] 창에 '1위 그리스'를 입력하고 Enter 키를 누릅니다.
(또는, 오른쪽의 첫 번째 텍스트 상자에 '1위 그리스'를 입력합니다.)

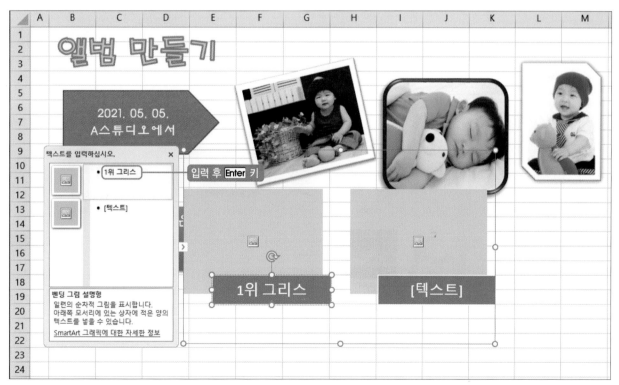

▲ [텍스트 입력] 창이 표시되지 않을 경우 [SmartArt 도구]-[디자인] 탭-[그래픽 만들기] 그룹에서 [텍스트 창]을 선택

04 동일한 방법으로 [텍스트 입력] 창에 '2위 이집트'를 입력하고 **Enter** 키를 누른 다음 '3위 호주'를 입력해 줍니다.

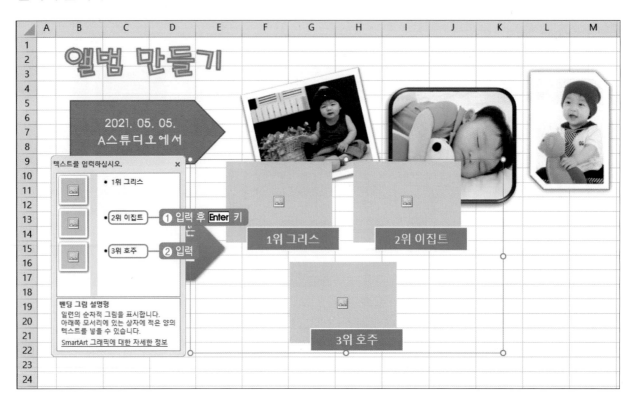

05 이어서, 이미지를 삽입하기 위해 [텍스트 입력] 창의 첫 번째 ▣을 더블 클릭한 후, '파일에서'를 클릭합니다.

06 [그림 삽입] 대화상자가 표시되면 '그리스.jpg' 파일을 선택하고 〈삽입〉 단추를 클릭합니다.

07 [텍스트 입력] 창의 두 번째 📷을 더블 클릭한 후, '이집트.jpg' 파일을 선택하고 〈삽입〉 단추를 클릭합니다.

08 마지막으로 [텍스트 입력] 창의 세 번째 📷을 더블 클릭한 후, '호주.jpg' 파일을 선택하고 〈삽입〉 단추를 클릭합니다.

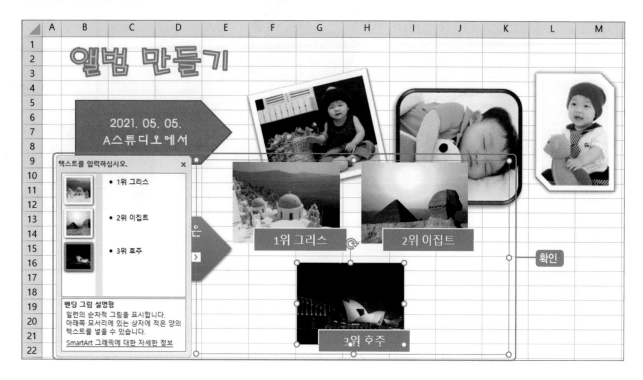

09 [텍스트 입력] 창에서 닫기(☒) 단추를 클릭하여 창을 닫아줍니다.

10 그림과 같이 크기 조절 핸들에 마우스 포인터를 위치시킨 후, 오른쪽 방향으로 드래그하여 크기를 늘려줍니다.

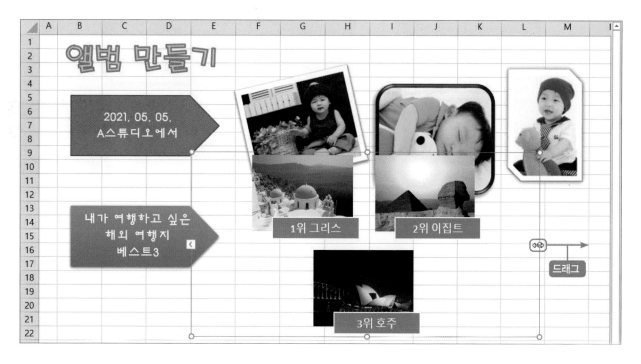

11 스마트아트가 다음과 같이 배열된 것을 확인합니다.

12 마우스 포인터를 스마트아트 테두리에 위치시킨 후, 포인터의 모양이 ⊕로 변경되면 드래그하여 그림과 같이 이동시켜 줍니다.

13 삽입된 스마트아트에 다양한 효과를 주기 위해 [SmartArt 도구]-[디자인] 탭-[SmartArt 스타일] 그룹에서 자세히(▾) 단추를 선택한 후 '광택 처리'를 클릭합니다.

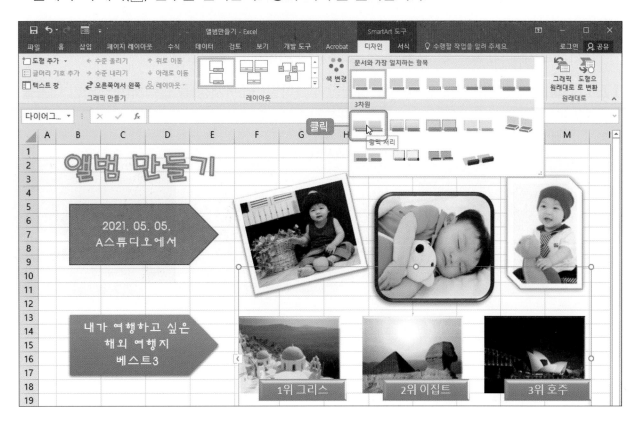

14 첫 번째 텍스트 상자를 클릭한 후, [SmartArt 도구]-[서식] 탭-[도형 스타일] 그룹에서 [도형 채우기] 항목 중 '파랑, 강조 5, 25% 더 어둡게'를 클릭합니다.

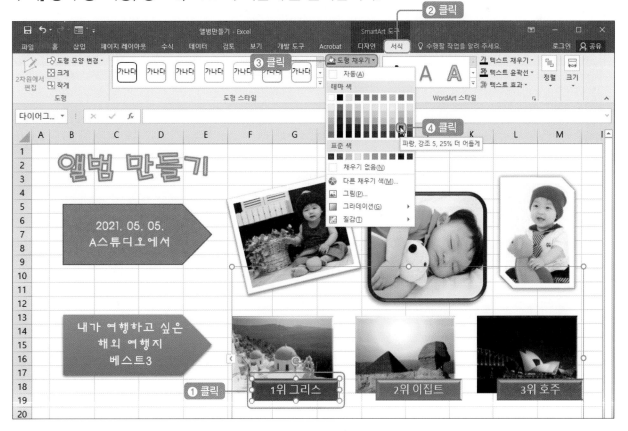

15 이어서, 두 번째 텍스트 상자를 클릭한 후, [SmartArt 도구]–[서식] 탭–[도형 스타일] 그룹에서 [도형 채우기] 항목 중 '녹색, 강조 6, 25% 더 어둡게'를 클릭합니다.

16 마지막으로 세 번째 텍스트 상자를 클릭한 후, [SmartArt 도구]–[서식] 탭–[도형 스타일] 그룹에서 [도형 채우기] 항목 중 '주황, 강조 2, 25% 더 어둡게'를 클릭합니다.

17 다음과 같이 변경된 텍스트 상자를 확인한 후, [파일] 탭–[저장]을 클릭하여 작업한 내용을 저장합니다.

활용마당

1 [자르기] 기능을 이용하여 이미지를 자른 후, [그림 도구]–[서식]을 이용하여 [그림 스타일]을 변경해 보세요.

◉ 예제파일 : 포토제닉.xlsx　◉ 완성파일 : 포토제닉(완성).xlsx

HINT ❶ [그림 도구]–[서식] 탭–[크기] 그룹에서 [자르기] 기능을 사용하여 '남자아기' 이미지 자르기
❷ '남자아기' 그림 스타일 '복합형 프레임, 검정' 그림 테두리 '바다색, 강조 5'
❸ [B6] 영역을 기준으로 편집된 '남자아기' 이미지 이동하기
❹ [그림 도구]–[서식] 탭–[크기] 그룹에서 [자르기] 기능을 사용하여 '여자아기' 이미지 자르기
❺ '여자아기' 그림 스타일 '원근감 있는 그림자, 흰색'
❻ [F6] 영역을 기준으로 편집된 '여자아기' 이미지 이동하기

2 다음과 같이 SmartArt 그래픽 개체를 사용하여 문서를 완성해 보세요.

◉ 예제파일 : 사계절.xlsx　◉ 완성파일 : 사계절(완성).xlsx

HINT ❶ [삽입] 탭–[일러스트레이션] 그룹–[SmartArt 그래픽 삽입]
❷ 디자인 레이아웃 : [그림] 항목 중 '그림 설명 목록형'
❸ SmartArt 스타일 '강한 효과'

예제파일 : 등록명단.xlsx   완성파일 : 등록명단(완성).xlsx

✖ 이번 장에서는

[셀 서식]의 [표시 형식]을 이용하면 데이터에 각종 서식을 지정할 수 있으며 데이터를 좀 더 보기 좋게 꾸며줄 수 있습니다. 이번 장에서는 표시 형식을 사용하여 데이터를 표현하는 방법에 대해 알아보겠습니다.

7월 정보화 교실 수강 등록 명단

번호	성명	나이	휴대폰번호	과목	수강료	등록일
1	정길남	62세	010-3753-2750	엑셀, 포토샵	40,000	2021/6/15
2	이순애	57세	010-2753-3312	한글	20,000	2021/6/16
3	김도윤	39세	010-5588-4132	엑셀	20,000	2021/6/17
4	서인숙	55세	010-9023-5330	인터넷, 엑셀	40,000	2021/6/18
5	김보영	45세	010-2258-4370	파워포인트	20,000	2021/6/19
6	나인혜	46세	010-9552-8588	포토샵	20,000	2021/6/20
7	류명진	61세	010-3446-8620	엑셀	20,000	2021/6/21
8	민성아	52세	010-1058-5855	인터넷, 포토샵	40,000	2021/6/22
9	박준길	49세	010-4732-4074	윈도우7	20,000	2021/6/23
10	최효린	41세	010-6420-2259	한글, 파워포인트	40,000	2021/6/24
11	한지연	35세	010-7337-6790	엑셀	20,000	2021/6/25
12	윤석준	65세	010-7852-0049	포토샵	20,000	2021/6/26

01 엑셀 2016 프로그램을 실행한 후, [파일] 탭−[열기]−[찾아보기]를 클릭하여 '등록명단.xlsx' 파일을 불러옵니다.

02 수강료[G5:G16]에 천 단위마다 구분 기호(,)를 넣기 위해 [G5:G16] 영역을 드래그 합니다.

03 [홈] 탭−[표시 형식] 그룹에서 쉼표 스타일(,) 아이콘을 클릭합니다.

04 다음과 같이 수강료[G5:G16]에 천 단위마다 구분 기호(,)가 표시된 것을 확인합니다.

번호	성명	나이	휴대폰번호	과목	수강료	등록일
1	정길남	62	010-3753-2750	엑셀, 포토샵	40,000	06-15
2	이순애	57	010-2753-3312	한글	20,000	06-16
3	김도윤	39	010-5588-4132	엑셀	20,000	06-17
4	서인숙	55	010-9023-5330	인터넷, 엑셀	40,000	06-18
5	김보영	45	010-2258-4370	파워포인트	20,000	06-19
6	나인혜	46	010-9552-8588	포토샵	20,000	06-20
7	류명진	61	010-3446-8620	엑셀	20,000	06-21
8	민성아	52	010-1058-5855	인터넷, 포토샵	40,000	06-22
9	박준길	49	010-4732-4074	윈도우7	20,000	06-23
10	최효린	41	010-6420-2259	한글, 파워포인트	40,000	06-24
11	한지연	35	010-7337-6790	엑셀	20,000	06-25
12	윤석준	65	010-7852-0049	포토샵	20,000	06-26

7월 정보화 교실 수강 등록 명단

확인

02 : 날짜 표시하기

01 등록일[H5:H16]의 날짜 표시 형식을 '년/월/일'로 변경하기 위해 [H5:H16] 영역을 드래그 합니다.

번호	성명	나이	휴대폰번호	과목	수강료	등록일
1	정길남	62	010-3753-2750	엑셀, 포토샵	40,000	06-15
2	이순애	57	010-2753-3312	한글	20,000	06-16
3	김도윤	39	010-5588-4132	엑셀	20,000	06-17
4	서인숙	55	010-9023-5330	인터넷, 엑셀	40,000	06-18
5	김보영	45	010-2258-4370	파워포인트	20,000	06-19
6	나인혜	46	010-9552-8588	포토샵	20,000	06-20
7	류명진	61	010-3446-8620	엑셀	20,000	06-21
8	민성아	52	010-1058-5855	인터넷, 포토샵	40,000	06-22
9	박준길	49	010-4732-4074	윈도우7	20,000	06-23
10	최효린	41	010-6420-2259	한글, 파워포인트	40,000	06-24
11	한지연	35	010-7337-6790	엑셀	20,000	06-25
12	윤석준	65	010-7852-0049	포토샵	20,000	06-26

7월 정보화 교실 수강 등록 명단

드래그

02 [홈] 탭-[표시 형식] 그룹에서 셀 서식 : 표시 형식(⬜)을 클릭합니다.

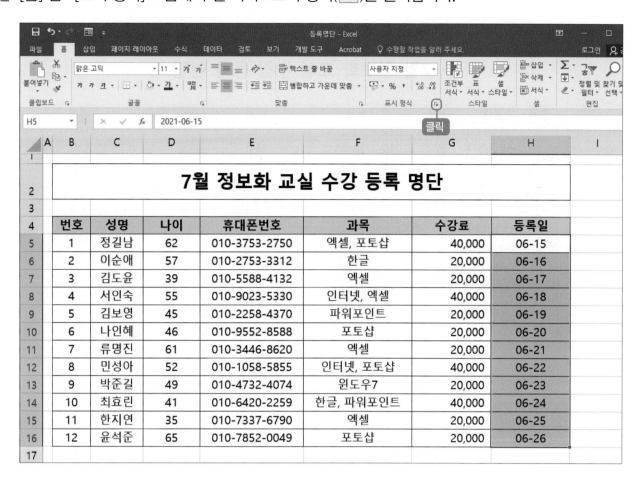

03 [셀 서식] 대화상자가 표시되면 [표시 형식] 탭의 범주에서 [날짜]를 선택한 후, 형식에서 '2012/3/14'를 선택하고 〈확인〉 단추를 클릭합니다.

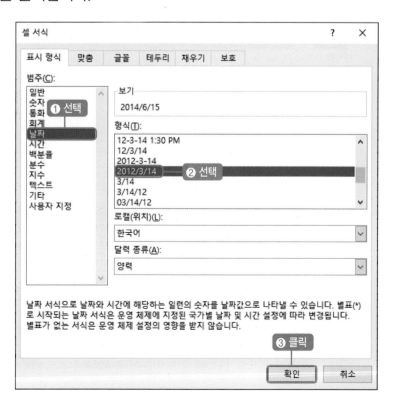

04 다음과 같이 등록일[H5:H16]의 날짜 표시 형식이 변경된 것을 확인합니다.

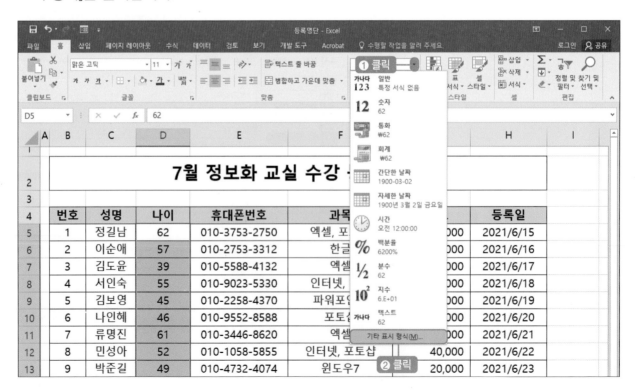

번호	성명	나이	휴대폰번호	과목	수강료	등록일
1	정길남	62	010-3753-2750	엑셀, 포토샵	40,000	2021/6/15
2	이순애	57	010-2753-3312	한글	20,000	2021/6/16
3	김도윤	39	010-5588-4132	엑셀	20,000	2021/6/17
4	서인숙	55	010-9023-5330	인터넷, 엑셀	40,000	2021/6/18
5	김보영	45	010-2258-4370	파워포인트	20,000	2021/6/19
6	나인혜	46	010-9552-8588	포토샵	20,000	2021/6/20
7	류명진	61	010-3446-8620	엑셀	20,000	2021/6/21
8	민성아	52	010-1058-5855	인터넷, 포토샵	40,000	2021/6/22
9	박준길	49	010-4732-4074	윈도우7	20,000	2021/6/23
10	최효린	41	010-6420-2259	한글, 파워포인트	40,000	2021/6/24
11	한지연	35	010-7337-6790	엑셀	20,000	2021/6/25
12	윤석준	65	010-7852-0049	포토샵	20,000	2021/6/26

확인

03 ⋮ 사용자 지정 표시하기

01 나이[D5:D16] 뒤에 '세'라는 글자를 표시하기 위해 [D5:D16] 영역을 드래그 합니다.

02 [홈] 탭-[표시 형식] 그룹에서 표시 형식(일반 ▾) 아이콘의 목록 단추(▾)를 눌러 [기타 표시 형식]을 클릭합니다.

03 [셀 서식] 대화상자가 표시되면 [표시 형식] 탭의 범주에서 [사용자 지정]을 선택한 후, 형식에서 'G/표준' 뒤에 "세"를 입력하고 〈확인〉 단추를 클릭합니다.

04 다음과 같이 나이[D5:D16] 뒤에 '세'가 표시된 것을 확인합니다.

7월 정보화 교실 수강 등록 명단

번호	성명	나이	휴대폰번호	과목	수강료	등록일
1	정길남	62세	010-3753-2750	엑셀, 포토샵	40,000	2021/6/15
2	이순애	57세	010-2753-3312	한글	20,000	2021/6/16
3	김도윤	39세	010-5588-4132	엑셀	20,000	2021/6/17
4	서인숙	55세	010-9023-5330	인터넷, 엑셀	40,000	2021/6/18
5	김보영	45세	010-2258-4370	파워포인트	20,000	2021/6/19
6	나인혜	46세	010-9552-8588	포토샵	20,000	2021/6/20
7	류명진	61세	010-3446-8620	엑셀	20,000	2021/6/21
8	민성아	52세	010-1058-5855	인터넷, 포토샵	40,000	2021/6/22
9	박준길	49세	010-4732-4074	윈도우7	20,000	2021/6/23
10	최효린	41세	010-6420-2259	한글, 파워포인트	40,000	2021/6/24
11	한지연	35세	010-7337-6790	엑셀	20,000	2021/6/25
12	윤석준	65세	010-7852-0049	포토샵	20,000	2021/6/26

05 작업 내용이 완료되었으면 [파일] 탭-[저장]을 클릭하여 작업한 내용을 저장합니다.

TIP

[셀 서식]–[표시 형식] 기능 알아보기

- [홈] 탭의 [글꼴], [맞춤], [표시 형식] 그룹 또는, [홈] 탭–[셀] 그룹–[서식]–[셀 서식]을 이용하여 셀에 각종 서식을 지정할 수 있습니다.
- [셀 서식]의 바로 가기 키 : **Ctrl** + **1** 키
- [홈] 탭–[표시 형식] 그룹

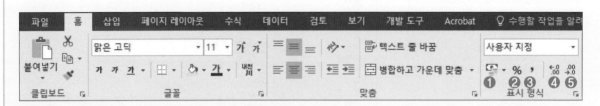

❶ **회계 표시 형식** : 통화 기호(₩)를 지정([셀 서식]–[표시 형식]에서 '회계' 서식과 동일)

❷ **백분율 스타일** : 셀 값에 100을 곱한 값이 백분율 기호(%)와 함께 표시

❸ **쉼표 스타일** : 천 단위마다 쉼표(,)를 표시

❹ **자릿수 늘림** : 클릭할 때 마다 소수 이하 자릿수를 늘려줌

❺ **자릿수 줄임** : 클릭할 때 마다 소수 이하 자릿수를 줄여줌

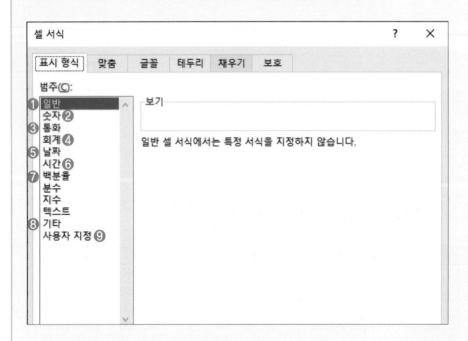

❶ 모든 표시 형식을 없애고 기본 표시 형식으로 설정

❷ 숫자의 표시 형식을 지정

❸ 통화 기호가 숫자 옆에 붙어서 표시 [예] ₩100

❹ 통화 기호와 소수점에 맞추어 열이 정렬 [예] ₩   100

❺ 다양한 날짜 표시 형식을 지정

❻ 다양한 시간 표시 형식을 지정

❼ 숫자에 100을 곱한 후 백분율 기호(%)와 함께 표시

❽ 우편번호, 전화번호, 주민등록번호 등의 형식으로 표시

❾ 사용자가 직접 필요한 표시 형식을 만들어 사용

■ [셀 서식]-[맞춤] 탭

❶ 데이터의 가로 방향 정렬 방식을 지정
❷ 데이터의 세로 방향 정렬 방식을 지정
❸ 셀의 너비에 맞추어 전체 문자가 표시되지
　않을 때 두 줄 이상으로 나누어 표시
　▶ Alt + Enter 키를 누른 것과 동일
❹ 셀의 너비에 맞추어 전체 문자가 표시되지
　않을 때 글자 크기를 줄여서 셀 안에 표시
❺ 선택한 범위의 셀들을 하나의 셀로 병합
❻ 텍스트의 세로쓰기 등 표의 제목이나 차트
　의 축 제목 설정 등에 효과적으로 사용

■ [셀 서식]-[테두리] 탭

❶ 범위에 지정된 테두리 선을 모두 제거
❷ 범위의 테두리에만 선을 지정

❸ 범위의 안쪽에만 선을 지정
❹ 테두리 선을 지정할 위치를 지정
❺ 테두리 선의 종류를 지정
❻ 테두리 선의 색상을 지정

■ [셀 서식]-[글꼴] 탭

❶ 글꼴의 종류를 지정
❷ 기울임꼴, 굵게, 굵은 기울임꼴 등을 지정
❸ 글꼴의 크기를 지정
❹ 실선, 이중 실선 등을 지정
❺ 글꼴에 색을 지정
❻ 취소선, 위 첨자, 아래 첨자 등 글꼴에 효
　과를 지정

■ [셀 서식]-[채우기] 탭

◉ **예제파일** : 주소록.xlsx　　◉ **완성파일** : 주소록(완성).xlsx

1 다음과 같이 표시 형식을 이용하여 서식을 지정해 보세요.

번호	이름	졸업년도	우편번호	주소
			작성일	2021년 5월 17일 월요일
1	정길남	1975년	140-012	서울특별시 용산구 한강로2가 50-254
2	이순애	1974년	704-901	대구광역시 달서구 갈산동 388-7
3	김도윤	1980년	403-863	인천광역시 부평구 삼산동 204-33
4	서인숙	1985년	697-805	제주특별자치도 서귀포시 법환동 248-3
5	김보영	1970년	133-070	서울특별시 성동구 행당동 24-1
6	나인혜	1970년	361-202	충북 청주시 흥덕부 미평동 28-1
7	류명진	1979년	618-270	부산광역시 강서구 송정동 928-4

표 상단 제목: 한국고등학교 동문회 주소록

HINT ❶ 작성일[F4] : [표시 형식]-[날짜] → '＊2012년 3월 14일 수요일' 형식 지정

　　　❷ 졸업년도[D6:D12] : 졸업년도 뒤에 '년' 표시

　　　❸ 우편번호[E6:E12] : [표시 형식]-[기타] → '우편 번호' 형식 지정

● **예제파일** : 성적표.xlsx   ● **완성파일** : 성적표(완성).xlsx

2 다음과 같이 사용자 지정 서식을 지정해 보세요.

번호	성명	파워포인트	엑셀	총점	평균	순위
				7월 정보화 교실 성적표		
1	정길남	80점	100점	180점	90점	6등
2	이순애	90점	100점	190점	95점	4등
3	김도윤	95점	80점	175점	87.5점	10등
4	서인숙	90점	75점	165점	82.5점	11등
5	김보영	90점	90점	180점	90점	6등
6	나인혜	100점	100점	200점	100점	1등
7	류명진	90점	90점	180점	90점	6등
8	민성아	100점	95점	195점	97.5점	2등
9	박준길	80점	85점	165점	82.5점	11등
10	최효린	95점	100점	195점	97.5점	2등
11	한지연	90점	90점	180점	90점	6등
12	윤석준	90점	95점	185점	92.5점	5등

HINT ❶ 점수[D5:G16] : 점수에 '점' 표시
　　　　 – [표시 형식]–[사용자 지정] → G/표준"점" 지정

　　　　❷ 순위[H5:H16] : 순위에 '등' 표시
　　　　 – [표시 형식]–[사용자 지정] → G/표준"등" 지정

07 CHAPTER
수식과 참조 활용하기

◐ **예제파일** : 포인트.xlsx　◐ **완성파일** : 포인트(완성).xlsx

✖ 이번 장에서는

수식을 입력하는 방법으로는 '직접 입력하는 방법'과 '셀 주소 클릭을 이용한 방법' 등이 있으며, 수식에서 참조되는 셀 주소 형식인 상대 참조와 절대 참조의 역할에 대해 알아보겠습니다.

	A	B	C	D	E	F	G	H
1								
2		포인트 할인 내역						
3								
4				품목별 포인트 할인 :		100 원		
5		품목	단가	수량	금액	할인가		
6		노트	1,000	2	2,000	1,900		
7		볼펜 세트	2,000	2	4,000	3,900		
8		A4 용지	10,000	2	20,000	19,900		
9		핸드폰 케이스	18,000	1	18,000	17,900		
10		여행 책자	12,000	1	12,000	11,900		
11				할인가 합계		55,500		
12								
13								
14								

01 엑셀 2016 프로그램을 실행한 후, [파일] 탭-[열기]-[찾아보기]를 클릭하여 '포인트.xlsx' 파일을 불러옵니다.

02 금액을 계산할 [E6] 셀을 클릭합니다. (단, '금액 = 단가 × 수량'으로 계산)

03 '=C6*D6'을 입력한 다음 **Enter** 키를 누릅니다.

	A	B	C	D	E	F	G
2			포인트 할인 내역				
4				품목별 포인트 할인 :	100 원		
5		품목	단가	수량	금액	할인가	
6		노트	1,000	2	=C6*D6	입력 후 Enter 키	
7		볼펜 세트	2,000	2			
8		A4 용지	10,000	2			
9		핸드폰 케이스	18,000	1			
10		여행 책자	12,000	1			
11				할인가 합계			

TIP
수식을 직접 입력하여 계산

04 [E7] 셀에서 '='을 입력한 후, [C7] 셀을 클릭하고 '*'을 입력합니다.

05 이어서, [D7] 셀을 클릭한 후 **Enter** 키를 누릅니다.

	A	B	C	D	E	F	G
2			포인트 할인 내역				
4				품목별 포인트 할인 :	100 원		
5		품목	단가	수량	금액	할인가	
6		노트	1,000	2	2,000		
7		볼펜 세트	2,000	2	=C7*D7	입력 후 Enter 키	
8		A4 용지	10,000	2			
9		핸드폰 케이스	18,000	1			
10		여행 책자	12,000	1			
11				할인가 합계			

TIP
셀 주소를 클릭 하여 수식을 작성

06 [E7] 셀의 값이 구해지면 [E7] 셀의 채우기 핸들(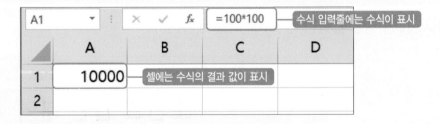)에 마우스 포인터를 위치시킨 후, [E10] 셀까지 드래그하여 나머지 금액도 계산해 줍니다.

A	B	C	D	E	F
1					
2		포인트 할인 내역			
3					
4			품목별 포인트 할인 :	100 원	
5	품목	단가	수량	금액	할인가
6	노트	1,000	2	2,000	
7	볼펜 세트	2,000	2	4,000	
8	A4 용지	10,000	2		
9	핸드폰 케이스	18,000	1		드래그
10	여행 책자	12,000	1		
11			할인가 합계		
12					
13					

D	E	F
. 할인 내역		
품목별 포인트 할인 :	100 원	
수량	금액	할인가
2	2,000	
2	4,000	
2	20,000	확인
1	18,000	
1	12,000	
할인가 합계		

TIP

수식의 사용

- 수식(계산식)이란 숫자, 문자, 날짜, 시간 등 데이터 값과 셀에 입력된 값과의 계산을 수행하기 위한 식을 의미합니다.
- 모든 수식은 '=' 또는 '+' 기호로 시작합니다. [예] =C6*D6
- 수식 작성시 셀 주소와 연산자를 직접 입력하거나, 계산할 데이터 값이 입력된 셀을 클릭하여 작성할 수도 있습니다. [예] '=C7*D7(모두 입력)' 또는, '=(입력)C7(클릭)*(입력)D7(클릭)'
- 수식이 입력된 셀에는 수식의 결과 값이 표시되고 수식은 수식 입력줄에 표시됩니다.

A1	▼	:	×	✓	fx	=100*100	수식 입력줄에는 수식이 표시

	A	B	C	D
1	10000	셀에는 수식의 결과 값이 표시		
2				

- 수식에서는 +(더하기), -(빼기), *(곱하기), /(나누기)와 같은 연산자를 이용합니다.

02 : 상대 참조와 절대 참조 알아보기

01 할인가를 계산할 [F6] 셀을 클릭합니다.
   (단, '할인가 = 금액 - 품목별 포인트 할인[F4]'으로 계산)

02 '='을 입력한 후, 마우스로 [E6] 셀을 클릭합니다.

03 '−'를 입력하고 마우스로 [F4] 셀을 클릭합니다.

04 **F4** 키를 눌러 [F4] 셀의 주소가 절대 참조 형식인 [$F$4]로 변경되면 수식 '=E6−$F$4'를 확인하고 **Enter** 키를 눌러줍니다.

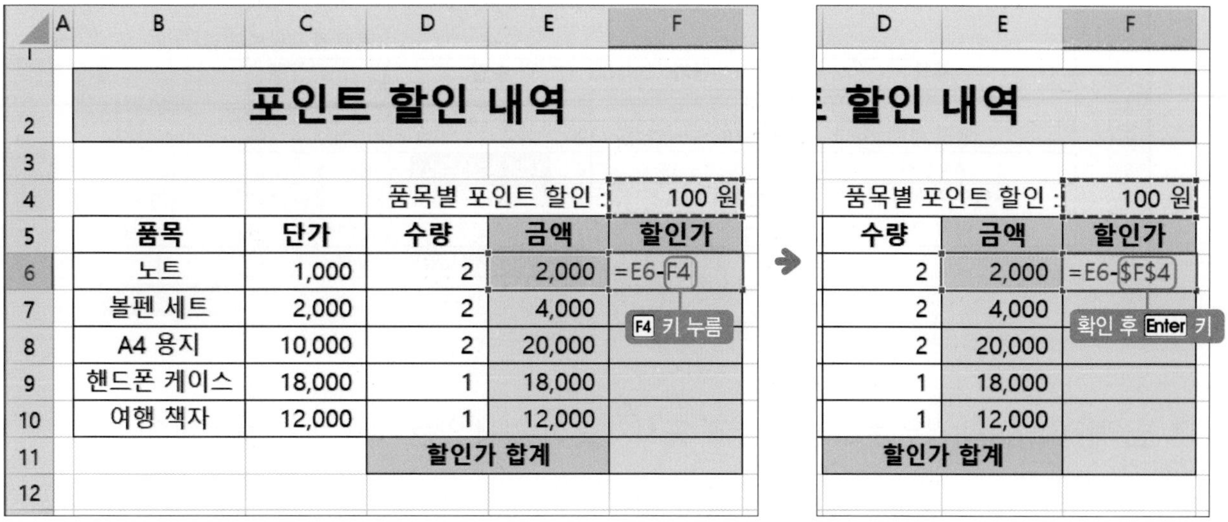

05 [F6] 셀의 채우기 핸들(┛)에 마우스 포인터를 위치시킨 후, [F10] 셀까지 드래그하여 나머지 할인가도 계산해 줍니다.

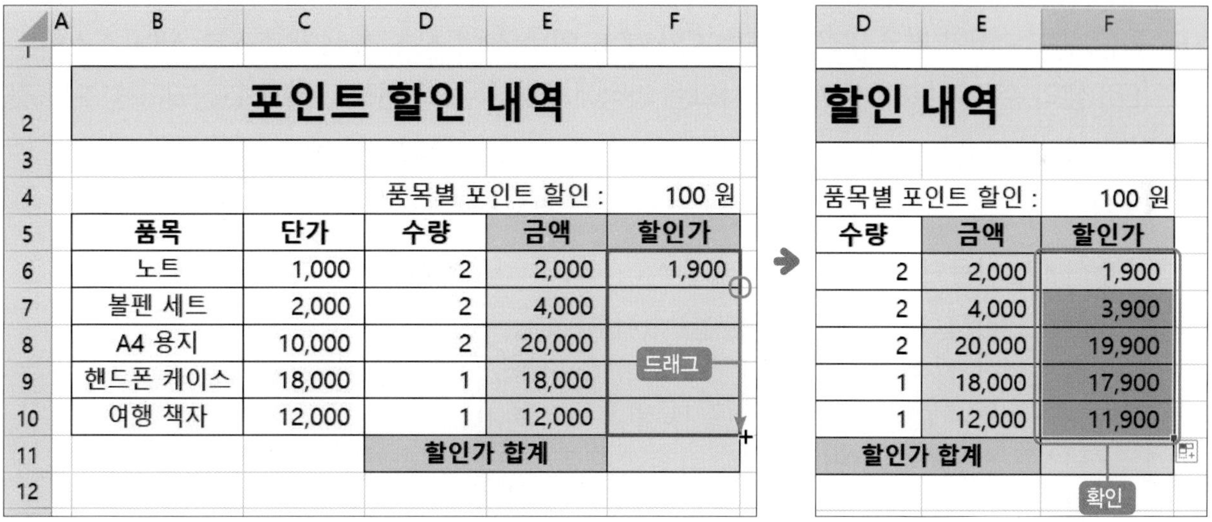

TIP

절대 참조

- 셀 주소의 열과 행 앞에 '$'를 붙여주며($F$4) 절대 참조 형식의 주소는 채우기 핸들을 이용하여 수식을 복사해도 셀 주소가 변경되지 않습니다.
- 셀 주소에 '$'를 입력하는 기능키(**F4** 키) : F4 → $F$4 → F$4 → $F4(**F4** 키를 누를 때마다 변함)

06 '금액'과 '할인가'의 수식 계산이 완료되었으면 Ctrl + ~ 키를 눌러 셀 주소 형식을 비교해 봅니다.

A	B	C	D	E	F
	포인트 할인 내역				
				품목별 포인트 할인 : 100	
	품목	단가	수량	금액	할인가
	노트	1000	2	=C6*D6	=E6-$F$4
	볼펜 세트	2000	2	=C7*D7	=E7-$F$4
	A4 용지	10000	2	상대 참조 주소 =C8*D8	=E8-$F$4 절대 참조 주소
	핸드폰 케이스	18000	1	=C9*D9	=E9-$F$4
	여행 책자	12000	1	=C10*D10	=E10-$F$4
				할인가 합계	
					상대 참조 주소

07 금액[E6:E10]의 경우 주소에 모두 '$' 표시가 붙어 있지 않는 것을 확인할 수 있습니다.

08 또한, [E6] 셀의 수식을 채우기 핸들을 이용하여 [E10] 셀까지 복사하는 과정에서 아래 방향으로 내려갈수록 수식에서 행의 값이 한 행씩 증가하며 변화된 것을 확인할 수 있습니다.

09 이와 같이 셀 주소에 '$'가 붙어 있지 않는 형식의 주소를 '상대 참조'라 하며, 상대 참조 형식의 셀 주소를 복사할 경우 이동된 위치에 따라 셀 주소가 자동으로 변경되게 됩니다.

10 할인가[F6:F10]의 경우 [F4] 셀에만 '$'가 붙어 있는 절대 참조 형식의 주소로 상대 주소와는 달리 [F6] 셀의 수식이 [F10] 셀까지 복사되는 과정에서 셀 주소가 변하지 않고 고정되어 참조된 것을 확인할 수 있습니다.

TIP

수식에서 사용되는 연산자

- 산술 연산자 : +, −, *, /, %(백분율), ^(지수)
- 관계 연산자 : =(같다), >(~크다, ~초과), <(~작다, ~미만), >=(~크거나 같다, ~이상), <=(~작거나 같다, ~이하), < >(같지 않다, ~다르다)
- 텍스트 연산자 : & [예] ="아카데미"&"소프트" → 결과 : 아카데미소프트
- 참조 연산자

: (콜론)	연속적인 셀 범위를 지정할 때 사용 [예] [A1:B5] → [A1] 셀~[B5] 셀까지
, (쉼표)	불연속적인 셀 범위를 지정할 때 사용 [예] [A1], [B1:C3] → [A1] 셀과 [B1] 셀~[C3] 셀까지

TIP

상대 참조와 절대 참조 형식의 수식 복사시 셀 주소의 변화

• 상대 참조로 구성된 [F8] 셀의 수식을 상/하/좌/우 방향으로 복사할 경우 셀 주소의 변화

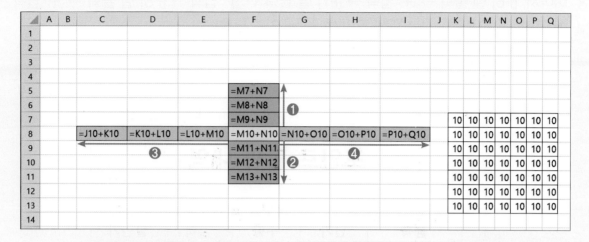

❶ [F8] 셀의 채우기 핸들을 [F5] 셀까지 드래그하여 복사
  – 위쪽으로 수식을 복사할 경우 열문자는 변하지 않고 행번호만 감소하며 셀 주소가 변경
❷ [F8] 셀의 채우기 핸들을 [F11] 셀까지 드래그하여 복사
  – 아래쪽으로 수식을 복사할 경우 열문자는 변하지 않고 행번호만 증가하며 셀 주소가 변경
❸ [F8] 셀의 채우기 핸들을 [C8] 셀까지 드래그하여 복사
  – 왼쪽으로 수식을 복사할 경우 행번호는 변하지 않고 열문자만 감소하며 셀 주소가 변경
❹ [F8] 셀의 채우기 핸들을 [I8] 셀까지 드래그하여 복사
  – 오른쪽으로 수식을 복사할 경우 행번호는 변하지 않고 열문자만 증가하며 셀 주소가 변경

• 상대 참조와 절대 참조로 구성된 [F8] 셀의 수식을 상/하/좌/우 방향으로 복사할 경우 셀 주소의 변화

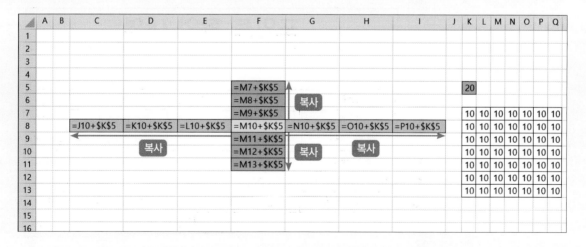

위의 경우와 동일하나 절대 참조 형식의 셀 주소([$K$5])는 위치가 변하여도 셀 주소가 변하지 않고 고정된 위치의 값('20')을 참조하여 계산하는 것을 알 수 있습니다.

11 **Ctrl**+**~** 키를 다시 한 번 눌러 원래의 화면으로 되돌아 옵니다.

12 할인가 합계를 구하기 위해 [F11] 셀을 클릭한 후, '='를 입력합니다.

13 이어서, [F6] 셀 클릭 → '+' 입력 → [F7] 셀 클릭 → '+' 입력 → [F8] 셀 클릭 → '+' 입력 → [F9] 셀 클릭 → '+' 입력 → [F10] 셀 클릭 후 **Enter** 키를 누릅니다.
(또는, [F11] 셀에 '=F6+F7+F8+F9+F10'을 직접 입력한 후 **Enter** 키를 눌러도 됩니다.)

	품목	단가	수량	금액	할인가	
				품목별 포인트 할인 :	100 원	
노트	1,000	2	2,000	1,900	
볼펜 세트	2,000	2	4,000	3,900	
A4 용지	10,000	2	20,000	19,900	
핸드폰 케이스	18,000	1	18,000	입력 후 Enter 키	
여행 책자	12,000	1	12,000	11,900	
	할인가 합계	=F6+F7+F8+F9+F10	

포인트 할인 내역

F10 =F6+F7+F8+F9+F10

14 다음과 같이 할인가 합계 [F11]의 계산 결과를 확인합니다.

포인트 할인 내역

	품목	단가	수량	금액	할인가
				품목별 포인트 할인 :	100 원
노트	1,000	2	2,000	1,900
볼펜 세트	2,000	2	4,000	3,900
A4 용지	10,000	2	20,000	19,900
핸드폰 케이스	18,000	1	18,000	17,900
여행 책자	12,000	1	12,000	11,900
	할인가 합계	55,500	확인

15 작업 내용이 완료되었으면 [파일] 탭–[저장]을 클릭하여 작업한 내용을 저장합니다.

TIP

셀 참조와 혼합 참조

- **셀 참조** : 값이 입력된 셀을 수식에서 참조하는 형식
  [예] [A1] 셀 : '500', [B1] 셀 : '500'
  =500+500 또는 =A1+B1

- **혼합 참조** : 열 문자나 행 번호 중 한 쪽에만 '$'를 붙인 경우
  [예1] $B3 : 열 고정 혼합 참조, B$3 : 행 고정 혼합 참조
  [예2] [C4] 셀에 '=$B4*C$3' 수식을 입력한 후, [C6] 셀까지 자동 채우기를 실행
  하고 다시 [E6] 셀까지 자동 채우기를 실행한다.
  (열 절대 참조($B4)와 행 절대 참조(C$3) 방식을 이용)

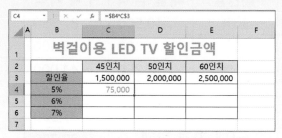

▲ 혼합 참조 적용

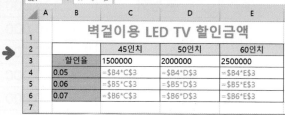

▲ 혼합 참조 적용 수식의 복사

◉ **예제파일** : 인터넷쇼핑.xlsx   ◉ **완성파일** : 인터넷쇼핑(완성).xlsx

1 다음과 같이 '세일 금액', '구매 가격', '구매 가격 합계'를 구해 보세요.

	A	B	C	D	E	F	G
1							
2		인터넷 쇼핑					
3							
4					회원 할인율 :	5%	
5		품목	정가	할인율	세일 금액	구매 가격	
6		운동화	135,000	30%	40,500	87,750	
7		충전기	10,000	10%	1,000	8,500	
8		헤드셋	55,000	15%	8,250	44,000	
9		USB 메모리	20,000	35%	7,000	12,000	
10		LED 알람시계	50,000	20%	10,000	37,500	
11				구매 가격 합계		189,750	
12							

HINT   ❶ 세일 금액[E6:E10] : = 정가 * 할인율
　　　 ❷ 구매 가격[F6:F10] : = 정가 – 세일 금액 – (정가 * 회원 할인율[F4])
　　　 ❸ 구매 가격 합계[F11] : = '구매 가격'의 전체 금액 합계

◉ **예제파일** : 평형계산.xlsx   ◉ **완성파일** : 평형계산(완성).xlsx

2 다음과 같이 '평형'을 구해 보세요.

	A	B	C	D	E
1					
2		**우리 집 평형 계산**			
3					
4			1평 :	3.3058㎡	
5		**평형대별**	**공급형(㎡)**	**평형**	
6			46㎡	14평	
7		10평형대	49㎡	15평	
8			59㎡	18평	
9		20평형대	74㎡	22평	
10			84㎡	25평	
11			101㎡	31평	
12		30평형대	109㎡	33평	
13			122㎡	37평	
14					

HINT ❶ 평형[D6:D13] : = 공급형 / 1평[D4]

08 CHAPTER 지출관리를 통한 기본함수 활용하기

◇ **예제파일** : 지출관리.xlsx   ◇ **완성파일** : 지출관리(완성).xlsx

✱ 이번 장에서는

엑셀의 Σ(자동 합계) 기능을 이용하여 합계, 숫자 셀의 개수, 평균, 최대값, 최소값 등을 손쉽게 구할 수 있는 방법에 대해 알아보겠습니다.

나를 위한 지출 관리

월별 내역	1월	2월	3월	4월	5월	평균	최대값	최소값
용돈	150,000	200,000	120,000	150,000	190,000	162,000	200,000	120,000
통신비	25,000	22,000	30,000	27,000	30,000	26,800	30,000	22,000
보험료	23,600	23,600	23,600	23,600	23,600	23,600	23,600	23,600
교육비	50,000			50,000		50,000	50,000	50,000
수영	30,000	30,000	30,000	33,000	33,000	31,200	33,000	30,000
여행 적금			20,000	20,000	20,000	20,000	20,000	20,000
동호회 회비	20,000		20,000		20,000	20,000	20,000	20,000
기부금	20,000	15,000	30,000	20,000	20,000	21,000	30,000	15,000
합계	318,600	290,600	273,600	323,600	336,600	지출 합계		
개수	7	5	7	7	7			1,543,000

01 자동 합계 구하기(SUM)

01 엑셀 2016 프로그램을 실행한 후, [파일] 탭-[열기]-[찾아보기]를 클릭하여 '지출관리.xlsx' 파일을 불러옵니다.

02 '1월 합계'를 구하기 위해 [C13] 셀을 클릭합니다.

03 [수식] 탭-[함수 라이브러리] 그룹에서 합계(∑) 아이콘의 자동 합계(자동 합계)를 클릭한 후 [합계]를 선택합니다.

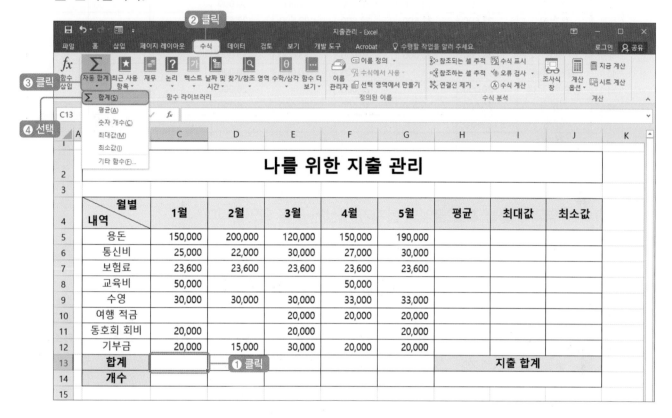

04 [C13] 셀에 '=SUM(C11:C12)'가 표시되면 합계를 구할 범위인 [C5:C12] 영역을 드래그한 후 **Enter** 키를 누릅니다.

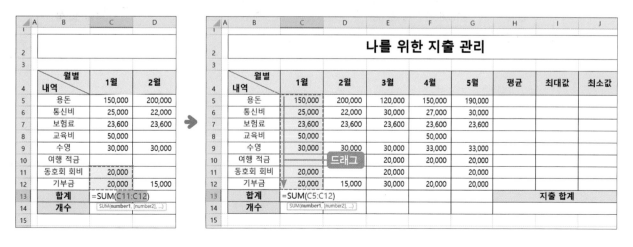

05 [C13] 셀의 채우기 핸들(![fill handle])에 마우스 포인터를 위치시킨 후, [G13] 셀까지 드래그하여 2월~5월까지의 합계도 계산해 줍니다.

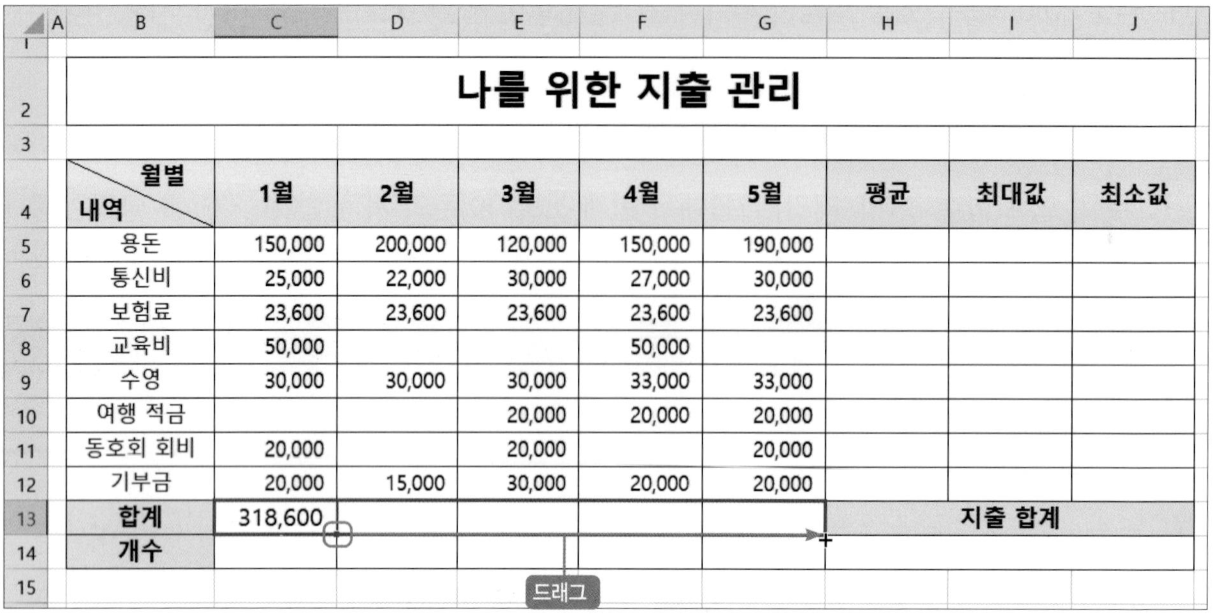

내역 \ 월별	1월	2월	3월	4월	5월	평균	최대값	최소값
용돈	150,000	200,000	120,000	150,000	190,000			
통신비	25,000	22,000	30,000	27,000	30,000			
보험료	23,600	23,600	23,600	23,600	23,600			
교육비	50,000			50,000				
수영	30,000	30,000	30,000	33,000	33,000			
여행 적금			20,000	20,000	20,000			
동호회 회비	20,000		20,000		20,000			
기부금	20,000	15,000	30,000	20,000	20,000			
합계	318,600					지출 합계		
개수								

06 [C13:G13] 영역에 월별 지출 금액의 합계가 계산된 것을 확인합니다.

내역 \ 월별	1월	2월	3월	4월	5월	평균	최대값	최소값
용돈	150,000	200,000	120,000	150,000	190,000			
통신비	25,000	22,000	30,000	27,000	30,000			
보험료	23,600	23,600	23,600	23,600	23,600			
교육비	50,000			50,000				
수영	30,000	30,000	30,000	33,000	33,000			
여행 적금			20,000	20,000	20,000			
동호회 회비	20,000		20,000		20,000			
기부금	20,000	15,000	30,000	20,000	20,000			
합계	318,600	290,600	273,600	323,600	336,600	지출 합계		
개수								

TIP

SUM 함수

- **기능** : 셀 범위의 합계를 구하는 함수
- **형식** : =SUM(셀 범위)

  [예] =SUM(A1:B5) : [A1:B5] 영역에 있는 값들의 합계를 구함

  =SUM(1, 2, 3, 4, 5) ⇒ 15 : 1~5까지의 합계를 구함

01 '1월 지출 내역의 개수'를 구하기 위해 [C14] 셀을 클릭합니다.

02 [수식] 탭-[함수 라이브러리] 그룹에서 합계(∑) 아이콘의 자동 합계(자동 합계)를 클릭한 후 [숫자 개수]를 선택합니다.

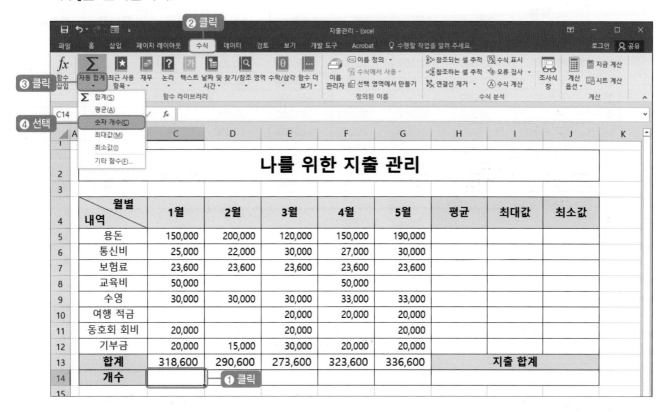

03 [C14] 셀에 '=COUNT(C11:C13)'이 표시되면 숫자 개수를 구할 범위인 [C5:C12] 영역을 드래그한 후 Enter 키를 누릅니다.

04 [C14] 셀의 채우기 핸들(⬛)에 마우스 포인터를 위치시킨 후, [G14] 셀까지 드래그하여 2월~5월까지의 숫자 개수도 계산해 줍니다.

	월별 내역	1월	2월	3월	4월	5월	평균	최대값	최소값
나를 위한 지출 관리									
용돈		150,000	200,000	120,000	150,000	190,000			
통신비		25,000	22,000	30,000	27,000	30,000			
보험료		23,600	23,600	23,600	23,600	23,600			
교육비		50,000			50,000				
수영		30,000	30,000	30,000	33,000	33,000			
여행 적금				20,000	20,000	20,000			
동호회 회비		20,000		20,000		20,000			
기부금		20,000	15,000	30,000	20,000	20,000			
합계		318,600	290,600	273,600	323,600	336,600	지출 합계		
개수		7							

드래그

05 [C14:G14] 영역에 월별 지출 내역의 개수가 계산된 것을 확인합니다.

	월별 내역	1월	2월	3월	4월	5월	평균	최대값	최소값
나를 위한 지출 관리									
용돈		150,000	200,000	120,000	150,000	190,000			
통신비		25,000	22,000	30,000	27,000	30,000			
보험료		23,600	23,600	23,600	23,600	23,600			
교육비		50,000			50,000				
수영		30,000	30,000	30,000	33,000	33,000			
여행 적금				20,000	20,000	20,000			
동호회 회비		20,000		20,000		20,000			
기부금		20,000	15,000	30,000	20,000	20,000			
합계		318,600	290,600	273,600	323,600	336,600	지출 합계		
개수		7	5	7	7	7			

확인

TIP

COUNT 함수

• 기능 : 지정된 셀 범위에서 숫자(날짜 포함)가 입력된 셀의 개수를 구하는 함수
• 형식 : =COUNT(셀 범위)

01 '1월~5월 지출 평균'을 구하기 위해 [H5] 셀을 클릭합니다.

02 [수식] 탭-[함수 라이브러리] 그룹에서 합계(Σ) 아이콘의 자동 합계(자동합계)를 클릭한 후 [평균]을 선택합니다.

03 [H5] 셀에 '=AVERAGE(C5:G5)'가 표시되면 범위를 확인하고 Enter 키를 누릅니다.

월별 내역	1월	2월	3월	4월	5월	평균	최대값	최소값
용돈	150,000	200,000	120,000	150,000	190,000	=AVERAGE(C5:G5)		
통신비	25,000	22,000	30,000	27,000	30,000			
보험료	23,600	23,600	23,600	23,600	23,600			
교육비	50,000			50,000				
수영	30,000	30,000	30,000	33,000	33,000			
여행 적금			20,000	20,000	20,000			
동호회 회비	20,000		20,000		20,000			
기부금	20,000	15,000	30,000	20,000	20,000			
합계	318,600	290,600	273,600	323,600	336,600	지출 합계		
개수	7	5	7	7	7			

나를 위한 지출 관리

04 [H5] 셀의 채우기 핸들(┛)에 마우스 포인터를 위치시킨 후, [H12] 셀까지 드래그하여 나머지 지출 내역별 평균을 계산해 줍니다.

월별 내역	1월	2월	3월	4월	5월	평균	최대값	최소값
용돈	150,000	200,000	120,000	150,000	190,000	162,000		
통신비	25,000	22,000	30,000	27,000	30,000			
보험료	23,600	23,600	23,600	23,600	23,600			
교육비	50,000			50,000				
수영	30,000	30,000	30,000	33,000	33,000			
여행 적금			20,000	20,000	20,000		드래그	
동호회 회비	20,000		20,000		20,000			
기부금	20,000	15,000	30,000	20,000	20,000			
합계	318,600	290,600	273,600	323,600	336,600	지출 합계		
개수	7	5	7	7	7			

나를 위한 지출 관리

05 [H5:H12] 영역에 지출 내역별 평균이 계산된 것을 확인합니다.

월별 내역	1월	2월	3월	4월	5월	평균	최대값	최소값
용돈	150,000	200,000	120,000	150,000	190,000	162,000		
통신비	25,000	22,000	30,000	27,000	30,000	26,800		
보험료	23,600	23,600	23,600	23,600	23,600	23,600		
교육비	50,000			50,000		50,000	확인	
수영	30,000	30,000	30,000	33,000	33,000	31,200		
여행 적금			20,000	20,000	20,000	20,000		
동호회 회비	20,000		20,000		20,000	20,000		
기부금	20,000	15,000	30,000	20,000	20,000	21,000		
합계	318,600	290,600	273,600	323,600	336,600	지출 합계		
개수	7	5	7	7	7			

제목: **나를 위한 지출 관리**

TIP

AVERAGE 함수

• **기능** : 셀 범위의 평균을 구하는 함수
• **형식** : =AVERAGE(셀 범위)
 [예] =AVERAGE(A1:B5) : [A1:B5] 영역에 있는 값들의 평균을 구함
   =AVERAGE(1, 2, 3, 4, 5) ⇒ 3 : 1~5까지의 평균을 구함

04 최대값 구하기(MAX)

01 '1월~5월 지출 중 최대값'을 구하기 위해 [I5] 셀을 클릭합니다.

02 [수식] 탭-[함수 라이브러리] 그룹에서 합계(Σ) 아이콘의 자동 합계(자동 합계)를 클릭한 후 [최대값]을 선택합니다.

03 [I5] 셀에 '=MAX(C5:H5)'가 표시되면 최대값을 구할 범위인 [C5:G5] 영역을 드래그한 후 **Enter** 키를 누릅니다.

나를 위한 지출 관리

월별 내역	1월	2월	3월	4월	5월	평균	최대값	최소값
용돈	150,000	200,000	120,000	150,000	190,000	162,000	=MAX(C5:G5)	
통신비	25,000	22,000	30,000	27,000	30,000	26,800		
보험료	23,600	23,600	23,600	23,600	23,600	23,600		
교육비	50,000			50,000		50,000		
수영	30,000	30,000	30,000	33,000	33,000	31,200		
여행 적금			20,000	20,000	20,000	20,000		
동호회 회비	20,000		20,000		20,000	20,000		
기부금	20,000	15,000	30,000	20,000	20,000	21,000		
합계	318,600	290,600	273,600	323,600	336,600	지출 합계		

MAX(number1, [number2], ...)

[C5:G5] 영역 드래그 후 **Enter** 키

04 [I5] 셀의 채우기 핸들(□)에 마우스 포인터를 위치시킨 후, [I12] 셀까지 드래그하여 나머지 지출 내역별 최대값도 계산해 줍니다.

05 [I5:I12] 영역에 지출 내역별 최대값이 계산된 것을 확인합니다.

나를 위한 지출 관리

월별 내역	1월	2월	3월	4월	5월	평균	최대값	최소값
용돈	150,000	200,000	120,000	150,000	190,000	162,000	200,000	
통신비	25,000	22,000	30,000	27,000	30,000	26,800	30,000	
보험료	23,600	23,600	23,600	23,600	23,600	23,600	23,600	
교육비	50,000			50,000		50,000	50,000	
수영	30,000	30,000	30,000	33,000	33,000	31,200	33,000	확인
여행 적금			20,000	20,000	20,000	20,000	20,000	
동호회 회비	20,000		20,000		20,000	20,000	20,000	
기부금	20,000	15,000	30,000	20,000	20,000	21,000	30,000	
합계	318,600	290,600	273,600	323,600	336,600	지출 합계		
개수	7	5	7	7	7			

TIP

MAX 함수

- **기능** : 셀 범위의 최대값을 구하는 함수
- **형식** : =MAX(셀 범위)

    [예] =MAX(A1:B5) : [A1:B5] 영역에 있는 값들 중 최대값을 구함

    =MAX(1, 2, 3, 4, 5) ⇒ 5 : 1~5까지의 값 중 최대값을 구함

05 최소값 구하기(MIN)

01 '1월~5월 지출 중 최소값'을 구하기 위해 [J5] 셀을 클릭합니다.

02 [수식] 탭–[함수 라이브러리] 그룹에서 합계(Σ) 아이콘의 자동 합계(자동 합계)를 클릭한 후 [최소값]을 선택합니다.

03 [J5] 셀에 '=MIN(C5:I5)'가 표시되면 최소값을 구할 범위인 [C5:G5] 영역을 드래그한 후 Enter 키를 누릅니다.

나를 위한 지출 관리

[C5:G5] 영역 드래그 후 Enter 키

내역 \ 월별	1월	2월	3월	4월	5월	평균	최대값	최소값
용돈	150,000	200,000	120,000	150,000	190,000	162,000	200,000	=MIN(C5:G5)
통신비	25,000	22,000	30,000	27,000	30,000	26,800	30,000	MIN(number1, [number2], ...)
보험료	23,600	23,600	23,600	23,600	23,600	23,600	23,600	
교육비	50,000			50,000		50,000	50,000	
수영	30,000	30,000	30,000	33,000	33,000	31,200	33,000	
여행 적금			20,000	20,000	20,000	20,000	20,000	
동호회 회비	20,000		20,000		20,000	20,000	20,000	
기부금	20,000	15,000	30,000	20,000	20,000	21,000	30,000	
합계	318,600	290,600	273,600	323,600	336,600	지출 합계		
개수	7	5	7	7	7			

04 [J5] 셀의 채우기 핸들(┛)에 마우스 포인터를 위치시킨 후, [J12] 셀까지 드래그하여 나머지 지출 내역별 최소값도 계산해 줍니다.

05 [J5:J12] 영역에 지출 내역별 최소값이 계산된 것을 확인합니다.

나를 위한 지출 관리

내역 \ 월별	1월	2월	3월	4월	5월	평균	최대값	최소값
용돈	150,000	200,000	120,000	150,000	190,000	162,000	200,000	120,000
통신비	25,000	22,000	30,000	27,000	30,000	26,800	30,000	22,000
보험료	23,600	23,600	23,600	23,600	23,600	23,600	23,600	23,600
교육비	50,000			50,000		50,000	50,000	50,000
수영	30,000	30,000	30,000	33,000	33,000	31,200	33,000	30,000
여행 적금			20,000	20,000	20,000	20,000	20,000	20,000
동호회 회비	20,000		20,000		20,000	20,000	20,000	20,000
기부금	20,000	15,000	30,000	20,000	20,000	21,000	30,000	15,000
합계	318,600	290,600	273,600	323,600	336,600	지출 합계		
개수	7	5	7	7	7			

확인

MIN 함수

- **기능** : 셀 범위의 최소값을 구하는 함수
- **형식** : =MIN(셀 범위)

  [예] =MIN(A1:B5) : [A1:B5] 영역에 있는 값들 중 최소값을 구함

  =MIN(1, 2, 3, 4, 5) ⇒ 1 : 1~5까지의 값 중 최소값을 구함

06 '지출 전체의 합계' 금액을 구하기 위해 [H14] 셀을 클릭한 후, '=SUM(C5:G12)'를 입력하고 **Enter** 키를 누릅니다.

나를 위한 지출 관리

월별 내역	1월	2월	3월	4월	5월	평균	최대값	최소값
용돈	150,000	200,000	120,000	150,000	190,000	162,000	200,000	120,000
통신비	25,000	22,000	30,000	27,000	30,000	26,800	30,000	22,000
보험료	23,600	23,600	23,600	23,600	23,600	23,600	23,600	23,600
교육비	50,000			50,000		50,000	50,000	50,000
수영	30,000	30,000	30,000	33,000	33,000	31,200	33,000	30,000
여행 적금			20,000	20,000	20,000	20,000	20,000	20,000
동호회 회비	20,000		20,000		20,000	20,000	20,000	20,000
기부금	20,000	15,000	30,000	20,000	20,000	21,000	30,000	15,000
합계	318,600	290,600	273,600	323,600	336,600	지출 합계		
개수	7	5	7	7	7	=SUM(C5:G12)		

SUM(**number1**, [number2], ...)

입력 후 **Enter** 키

07 [H14] 셀에 지출 전체의 합계 금액이 표시된 것을 확인합니다.

나를 위한 지출 관리

월별 내역	1월	2월	3월	4월	5월	평균	최대값	최소값
용돈	150,000	200,000	120,000	150,000	190,000	162,000	200,000	120,000
통신비	25,000	22,000	30,000	27,000	30,000	26,800	30,000	22,000
보험료	23,600	23,600	23,600	23,600	23,600	23,600	23,600	23,600
교육비	50,000			50,000		50,000	50,000	50,000
수영	30,000	30,000	30,000	33,000	33,000	31,200	33,000	30,000
여행 적금			20,000	20,000	20,000	20,000	20,000	20,000
동호회 회비	20,000		20,000		20,000	20,000	20,000	20,000
기부금	20,000	15,000	30,000	20,000	20,000	21,000	30,000	15,000
합계	318,600	290,600	273,600	323,600	336,600	지출 합계		
개수	7	5	7	7	7			1,543,000

확인

◦ **예제파일** : 드라이클리닝.xlsx   ◦ **완성파일** : 드라이클리닝(완성).xlsx

1 다음과 같이 합계, 평균, 최대값, 최소값을 구해 보세요.

	A	B	C	D	E	F	G	H
1								
2		**겨울옷 드라이클리닝**						
3								
4		**품목**	**수량**	**가격**	**금액**		**수량 합계**	
5		롱코트	3	7,000	21,000		17	
6		하프코트	2	5,000	10,000		**금액의 평균**	
7		정장	2	5,000	10,000		10,143	
8		바지	3	3,000	9,000		**금액의 최대값**	
9		스카프	2	3,000	6,000		21,000	
10		목도리	2	3,000	6,000		**금액의 최소값**	
11		니트	3	3,000	9,000		6,000	
12								
13								

HINT   ❶ 수량 합계[G5] : SUM 함수 이용
　　　　❷ 금액의 평균[G7] : AVERAGE 함수 이용
　　　　❸ 금액의 최대값[G9] : MAX 함수 이용
　　　　❹ 금액의 최소값[G11] : MIN 함수 이용

활용마당

◀ **예제파일** : 엥겔계수.xlsx   ◀ **완성파일** : 엥겔계수(완성).xlsx

2 다음과 같이 합계와 엥겔 계수를 구해 보세요.

분기별 엥겔계수(%)

분기	1사분기	2사분기	3사분기	4사분기	합계
관리비	150,000	120,000	135,000	140,000	545,000
통신비	200,000	189,000	210,000	195,000	794,000
도시가스	170,000	45,000	30,000	120,000	365,000
교육비	200,000	200,000	200,000	200,000	800,000
문화비	45,000	80,000	70,000	50,000	245,000
주식비	340,000	330,000	350,000	340,000	1,360,000
지출합계	1,105,000	964,000	995,000	1,045,000	4,109,000
엥겔계수	31%	34%	35%	33%	33%

*엥겔계수는 전체 소비지출에 대비하여 주식비가 차지하는 비율입니다.

HINT ❶ 합계[G5:G10] : '1사분기~4사분기'의 합계 계산
❷ 지출합계[C11:G11] : 분기별 품목의 합계 계산
❸ 엥겔계수[C12:G12] : '주식비 / 지출합계'로 계산

논리&순위 함수 사용하기

예제파일 : IT점수.xlsx   **완성파일** : IT점수(완성).xlsx

✖ 이번 장에서는

IF 함수를 이용하여 조건에 따른 실행 결과를 알아보고 RANK.EQ 함수를 이용하여 원하는 데이터의 순위를 구하는 방법에 대해 알아보겠습니다.

사원별 IT 점수 현황

이름	IT 점수		선물	순위
류경훈	400		여행상품권	4
강소현	492		여행상품권	1
민수홍	490		여행상품권	2
주한빈	380		분발	5
하현서	405		여행상품권	3
이한나	370		분발	6
박성범	365		분발	7
권정인	300		분발	9
박서현	350		분발	8

만약(IF)에
~라면, ~할 때, ~일 경우

01 조건에 따른 결과 값 구하기(IF)

01 엑셀 2016 프로그램을 실행한 후, [파일] 탭-[열기]-[찾아보기]를 클릭하여 'IT점수.xlsx' 파일을 불러옵니다.

02 [E5] 셀을 클릭한 후, IF 함수를 이용하여 IT점수가 400점 이상이면 '여행상품권'을 표시하고 그렇지 않으면 '분발'을 표시하도록 합니다.

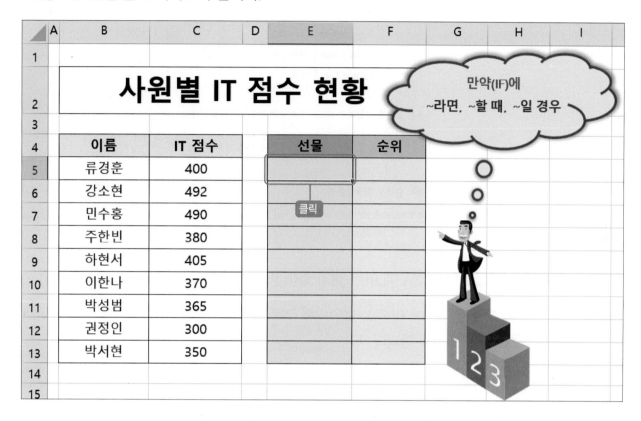

03 [수식] 탭-[함수 라이브러리] 그룹에서 논리(?) 아이콘을 클릭한 후, [IF] 함수를 선택합니다.

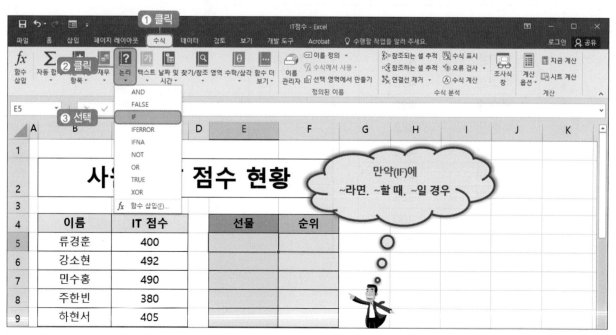

04 [함수 인수] 대화상자가 표시되면 'Logical_test' 오른쪽의 빈 칸에 조건 'C5>=400'을 입력합니다.

05 이어서, 조건이 참일 때 수행할 내용 '여행상품권'을 'Value_if_true' 오른쪽의 빈 칸에 입력합니다.

06 조건이 거짓일 때 수행할 내용 '분발'을 'Value_if_false' 오른쪽의 빈 칸에 입력하고 〈확인〉 단추를 클릭합니다.

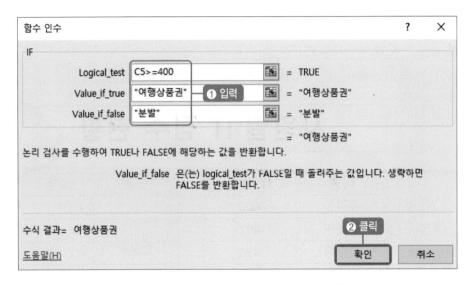

07 첫 번째 사원 '류경훈'의 IT 점수에 따른 결과 값이 [E5] 셀에 구해진 것을 확인합니다.

08 [E5] 셀의 채우기 핸들(🔲)에 마우스 포인터를 위치시킨 후, [E13] 셀까지 드래그하여 나머지 점수에 따른 결과 값을 표시해 줍니다.

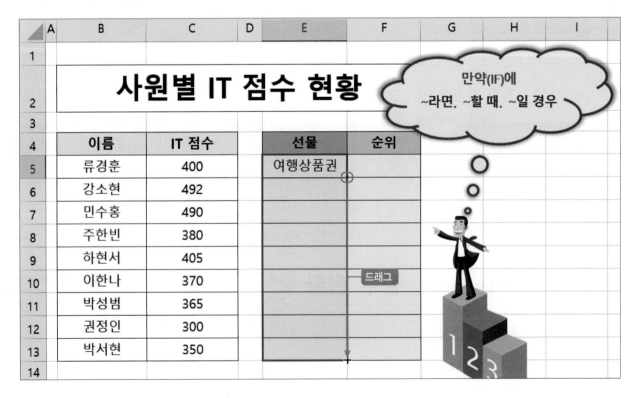

09 [E5:E13] 영역에 IT 점수에 따른 조건의 결과 값이 표시된 것을 확인합니다.

이름	IT 점수	선물	순위
류경훈	400	여행상품권	
강소현	492	여행상품권	
민수홍	490	여행상품권	
주한빈	380	분발	
하현서	405	여행상품권	
이한나	370	분발	
박성범	365	분발	
권정인	300	분발	
박서현	350	분발	

사원별 IT 점수 현황

만약(IF)에 ~라면, ~할 때, ~일 경우

확인

TIP

IF 함수

- **기능** : 특정 조건을 지정하여 해당 조건에 만족하면 '참(True)'에 해당하는 값을 그렇지 않으면 '거짓(False)'에 해당하는 값을 표시하는 함수
- **형식** : =IF(조건, 참일 때 수행할 내용, 거짓일 때 수행할 내용)

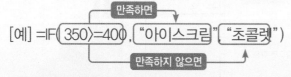

만족하면

[예] =IF(350>=400 , "아이스크림" , "초콜릿")

만족하지 않으면

- **조건에 사용되는 연산자**

연산자	기능	연산자	기능
=	같다	〈〉	~다르다(같지 않다)
〉	~크다(~초과)	〈	~작다(~미만)
〉=	~크거나 같다(~이상)	〈=	~작거나 같다(~이하)

01 IT 점수가 가장 높은 사람이 1위가 될 수 있도록 순위를 구해봅니다.

02 [F5] 셀을 클릭한 후, [수식] 탭-[함수 라이브러리] 그룹에서 함수 삽입(fx) 아이콘을 클릭합니다.

03 [함수 마법사] 대화상자가 표시되면 범주 선택의 목록 단추(▾)를 눌러 '통계'를 선택하고, 함수 선택에서 'RANK.EQ'를 선택한 후 〈확인〉 단추를 클릭합니다.

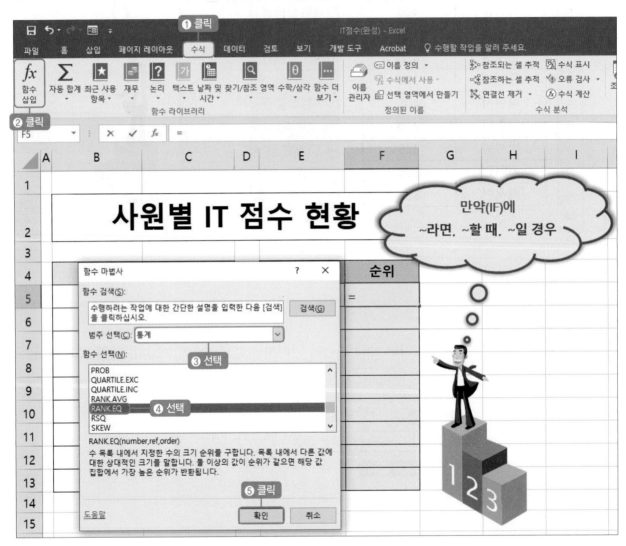

04 [함수 인수] 대화상자가 표시되면 첫 번째 사원인 '류경훈'의 순위를 구하기 위하여 'Number' 오른쪽의 빈 칸을 클릭하고 [C5] 셀을 클릭합니다.

05 이어서, 참조 범위 'Ref' 오른쪽의 빈 칸을 클릭한 후, [C5:C13] 영역을 드래그 한 다음 F4 키를 눌러 절대 참조로 변환해 줍니다.

06 정렬 옵션 'Order' 오른쪽의 빈 칸을 클릭한 후, '0'을 입력하고 〈확인〉 단추를 클릭합니다.

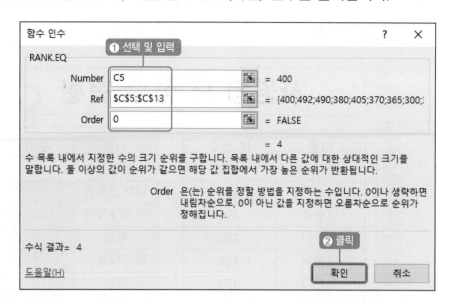

07 [F5] 셀에 전체 사원의 IT 점수에 따른 '류경훈'의 순위가 구해진 것을 확인합니다.

08 [F5] 셀의 채우기 핸들(🔲)에 마우스 포인터를 위치시킨 후, [F13] 셀까지 드래그하여 나머지 사원들의 순위도 구해줍니다.

09 [F5:F13] 영역에 IT 점수에 따른 사원별 순위가 표시된 것을 확인합니다.

	이름	IT 점수		선물	순위
5	류경훈	400		여행상품권	4
6	강소현	492		여행상품권	1
7	민수홍	490		여행상품권	2
8	주한빈	380		분발	5
9	하현서	405		여행상품권	3
10	이한나	370		분발	6
11	박성범	365		분발	7
12	권정인	300		분발	9
13	박서현	350		분발	8

사원별 IT 점수 현황

만약(IF)에 ~라면, ~할 때, ~일 경우

확인

10 작업 내용이 완료되었으면 [파일] 탭-[저장]을 클릭하여 작업한 내용을 저장합니다.

TIP

RANK.EQ 함수

- **기능** : 순위를 구하는 함수
- **형식** : =RANK.EQ(순위를 구하려는 수, 참조 범위, 정렬 옵션)
  - '순위를 구하려는 수'가 '참조 범위' 내의 수들과 비교하여 상대적인 크기를 순위로 반환
  - '정렬 옵션'의 값이 '0' 또는 생략시 내림차순, 0이 아닌 수를 입력할 경우 오름차순으로 순위를 지정
- 엑셀 2016에는 '함수명.기능'의 함수들이 새로 제공되어 좀 더 정확한 값을 표현하고 있습니다.
- '참조 범위'는 F4 키로 절대 참조 변환을 합니다.
  [예]

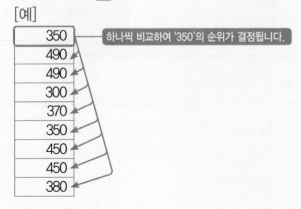

하나씩 비교하여 '350'의 순위가 결정됩니다.

1 다음과 같이 투표를 참조하여 '여행지'를 구해 보세요.

〈 **예제파일** : 논리.xlsx 　 〈 **완성파일** : 논리(완성).xlsx

	A	B	C	D	E
1					
2		\multicolumn{3}{c	}{여행지 투표}		
3					
4		이름	투표	여행지	
5		임지인	찬성	금강산	
6		강소현	반대	울릉도	
7		민지홍	반대	울릉도	
8		류경훈	찬성	금강산	
9		하현서	반대	울릉도	
10		우민서	찬성	금강산	
11		박성범	반대	울릉도	
12		장의현	찬성	금강산	
13		박서현	반대	울릉도	
14					

HINT
❶ 여행지[D5:D13]의 결정은 투표가 '찬성'이면 '금강산'을 그렇지 않으면 '울릉도'로 표시
❷ IF 함수 이용

2 다음과 같이 타자검정 속도에 대해 '순위'를 구해 보세요.

〈 **예제파일** : 순위.xlsx 　 〈 **완성파일** : 순위(완성).xlsx

	A	B	C	D	E
1					
2		\multicolumn{3}{c	}{타자속도}		
3					
4		이름	타자검정	순위	
5		박성범	350	5	
6		강소현	500	2	
7		민수홍	650	1	
8		권정인	300	7	
9		하현서	370	3	
10		이한나	350	5	
11		류경훈	356	4	
12		박서현	300	7	
13		민지홍	250	9	
14					

HINT
❶ 타자검정의 속도가 가장 빠른 사람이 1위가 되도록 순위[D5:D13]를 구하여 표시
❷ RANK.EQ 함수 이용

10 CHAPTER
데이터 정렬하기

◉ **예제파일** : 동호회.xlsx, 연봉현황.xlsx ◉ **완성파일** : 동호회(완성).xlsx, 연봉현황(완성).xlsx

✖ 이번 장에서는

데이터 정렬은 데이터 분석에서 매우 중요한 역할을 합니다. 데이터를 오름차순 정렬, 내림차순 정렬, 사용자 지정 목록 순서에 의해 정렬하는 방법에 대해 알아보겠습니다.

이름	성별	전화번호	생일 파티
주한빈	남	010-4325-****	10월 15일
박성범	남	010-5235-****	03월 11일
류경훈	남	010-4563-****	02월 10일
민지홍	남	010-7657-****	01월 10일
하현서	여	010-2125-****	12월 25일
강소현	여	010-1952-****	11월 20일
민수홍	여	010-6356-****	09월 03일
권정인	여	010-4357-****	08월 04일
이한나	여	010-7127-****	07월 06일
박서현	여	010-2536-****	05월 15일

☺ 스마일 컴퓨터 동호회 명단 ☺

▲ 동호회.xlsx

직책별 연봉 현황

(단위:천원)

성명	직책	연봉	나이
황인영	회장	350,000	55
조영철	사장	200,000	52
김남수	부장	150,000	48
남강우	차장	100,000	45
이영진	과장	85,000	43
남진철	대리	70,000	40
김재우	사원	45,000	37

▲ 연봉현황.xlsx

01 엑셀 2016 프로그램을 실행한 후, [파일] 탭-[열기]-[찾아보기]를 클릭하여 '동호회.xlsx' 파일을 불러옵니다.

02 '성별'을 기준으로 오름차순 정렬을 하기 위해 [C5] 셀을 클릭합니다.

> **TIP**
>
> **오름차순과 내림차순 정렬**
>
> ❶ 오름차순 정렬
> - 작은 수가 먼저 나오고 큰 수가 나중에 나오는 순서로 정렬
> - 숫자(1, 2, 3, …) → 영문(A, B, C, …) → 한글(가, 나, 다, …) → 공백 순서로 정렬
>
> ❷ 내림차순 정렬
> - 큰 수가 먼저 나오고 작은 수가 나중에 나오는 순서로 정렬
> - 한글(하, 파, 타, …) → 영문(Z, Y, X, …) → 숫자(…, 3, 2, 1) → 공백 순서로 정렬

03 [데이터] 탭-[정렬 및 필터] 그룹에서 정렬(🔣) 이이콘을 클릭합니다.

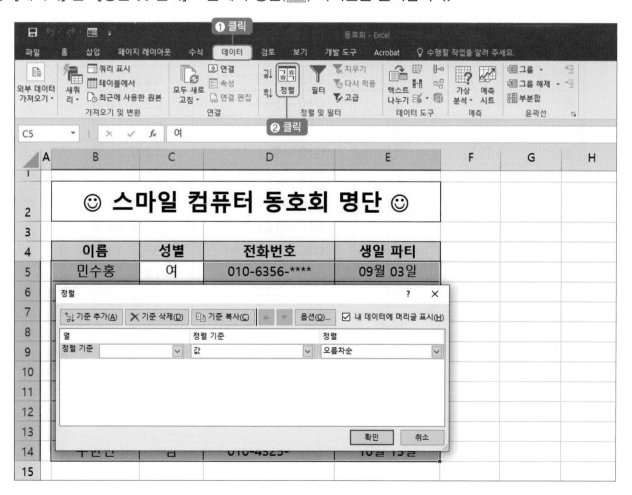

04 [정렬] 대화상자가 표시되면 열 정렬 기준의 목록 단추(▾)를 눌러 '성별'를 선택하고, 정렬에서 목록 단추(▾)를 눌러 '오름차순'으로 지정한 다음 〈확인〉 단추를 클릭합니다.

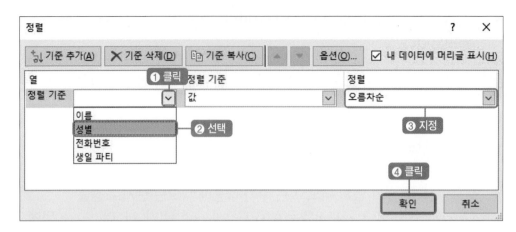

05 성별이 '남', '여' 순으로 정렬된 것을 확인합니다.

	A	B	C	D	E	F
1						
2		☺ 스마일 컴퓨터 동호회 명단 ☺				
3						
4		이름	성별	전화번호	생일 파티	
5		박성범	남	010-5235-****	03월 11일	
6		류경훈	남	010-4563-****	02월 10일	
7		민지홍	남	010-7657-****	01월 10일	
8		주한빈	남	010-4325-****	10월 15일	
9		민수홍	여	010-6356-****	09월 03일	
10		권정인	여	010-4357-****	08월 04일	
11		이한나	여	010-7127-****	07월 06일	
12		박서현	여	010-2536-****	05월 15일	
13		하현서	여	010-2125-****	12월 25일	
14		강소현	여	010-1952-****	11월 20일	
15			확인			

TIP

'성별'이 '남', '여' 순으로 정렬되면서 이름, 전화번호, 생일 파티 항목도 같이 이동되어 표시됩니다.

02 내림차순 정렬하기

01 1차 정렬 기준인 '성별' 순으로 데이터가 정렬된 상태에서 2차 정렬 기준인 '생일 파티'를 추가하여 정렬해 보도록 합니다.

02 [E5] 셀을 클릭한 후, [데이터] 탭-[정렬 및 필터] 그룹에서 정렬(🔲) 아이콘을 클릭합니다.

03 [정렬] 대화상자가 표시되면  단추를 클릭한 후, 다음 기준에서 목록 단추(▾)를 눌러 '생일 파티'를 선택합니다.

04 이어서, 정렬에서 목록 단추(▾)를 눌러 '내림차순'으로 선택한 다음 〈확인〉 단추를 클릭합니다.

TIP

정렬시 데이터 범위 밖에 셀 포인터를 위치시키고, [데이터] 탭–[정렬 및 필터] 그룹–[정렬] 메뉴를 실행하면 다음과 같은 오류 메시지가 표시됩니다.

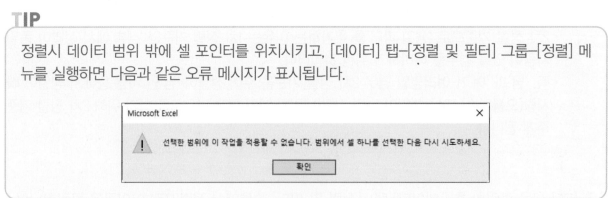

05 다음과 같이 1차 정렬 기준인 '성별'을 기준으로 오름차순 정렬(남→여 순으로)하고, 성별이 동일한 경우 2차 정렬 기준인 '생일 파티'를 기준으로 내림차순 정렬(생일 느린 사람→생일 빠른 사람 순으로)된 것을 확인합니다.(성별이 '남'인 사람이 먼저 표시되며, 성별이 동일한 경우 생일이 늦은 사람이 먼저 표시)

	이름	성별	전화번호	생일 파티
	☺ 스마일 컴퓨터 동호회 명단 ☺			
	주한빈	남	010-4325-****	10월 15일
	박성범	남	010-5235-****	03월 11일
	류경훈	남	010-4563-****	02월 10일
	민지홍	남	010-7657-****	01월 10일
	하현서	여	010-2125-****	12월 25일
	강소현	여	010-1952-****	11월 20일
	민수홍	여	010-6356-****	09월 03일
	권정인	여	010-4357-****	08월 04일
	이한나	여	010-7127-****	07월 06일
	박서현	여	010-2536-****	05월 15일
		1차 정렬 기준		2차 정렬 기준

06 작업 내용이 완료되었으면 [파일] 탭-[저장]을 클릭하여 작업한 내용을 저장합니다.

03 : 사용자 지정 정렬하기

01 [파일] 탭-[열기]-[찾아보기]를 클릭하여 '연봉현황.xlsx' 파일을 불러옵니다.

02 사용자 지정 목록에 직책 목록 순서를 입력하여 등록한 후, 직책순으로 정렬해 보도록 합니다.

03 [파일] 탭-[옵션]을 클릭한 후 [Excel 옵션] 대화상자가 표시되면 [고급]을 클릭합니다.

04 수직 이동 스크롤 바(┃)를 아래로 드래그하여 '일반' 항목 중 [사용자 지정 목록 편집(O)...] 단추를 클릭합니다.

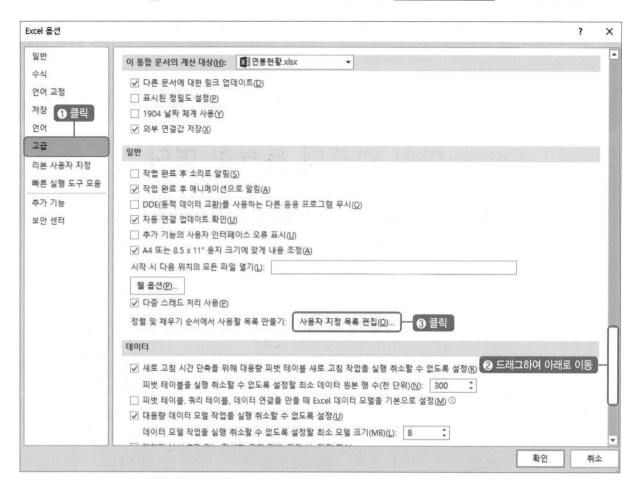

05 [사용자 지정 목록] 대화상자가 표시되면 '목록 항목' 아랫부분의 빈 공백을 클릭한 후 '회장'을 입력하고 **Enter** 키를 누릅니다.

06 이어서, '사장', '부장', '차장', '과장', '대리', '사원'을 차례대로 입력하고 〈추가〉 단추를 클릭합니다.

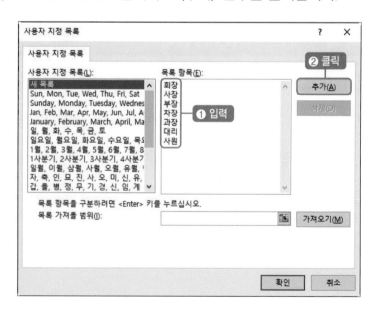

07 '사용자 지정 목록' 하단에 새롭게 목록이 추가된 것을 확인한 후 〈확인〉 단추를 클릭합니다.

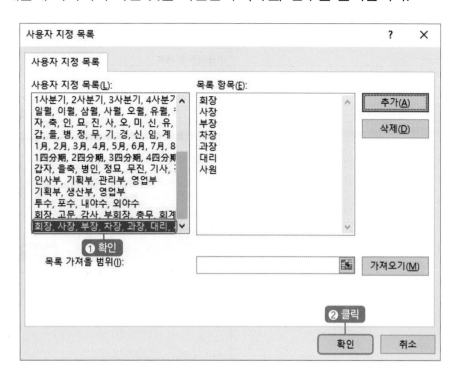

08 [Excel 옵션] 대화상자가 다시 표시되면 〈확인〉 단추를 클릭합니다.

09 [C5] 셀을 클릭한 후, [데이터] 탭−[정렬 및 필터] 그룹에서 정렬(圖획) 아이콘을 클릭합니다.

10 [정렬] 대화상자가 표시되면 정렬 기준에서 목록 단추(⊡)를 눌러 '직책'을 선택하고, 정렬에서 목록 단추(⊡)를 눌러 '사용자 지정 목록...'을 선택합니다.

11 사용자 지정 목록 하단의 '회장, 사장, 부장, 차장, 과장, 대리, 사원'을 선택한 후 〈확인〉 단추를 클릭합니다.

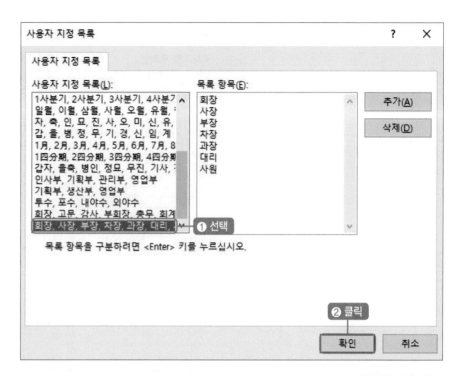

12 [정렬] 대화상자가 표시되면 정렬 기준과 정렬 방법 등을 확인한 후 〈확인〉 단추를 클릭합니다.

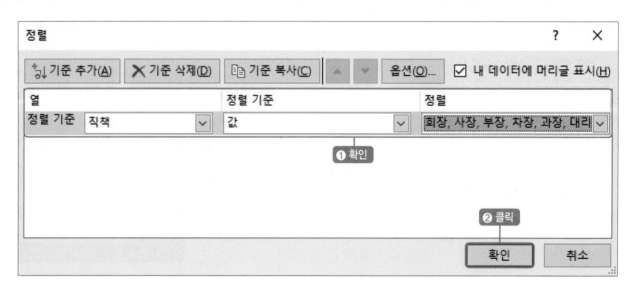

13 다음과 같이 직책이 가나다 순서가 아닌 사용자 지정 목록에 등록한 순서대로 정렬되어 표시된 것을 확인합니다.

	A	B	C	D	E	F
1						
2		직책별 연봉 현황				
3						
4					(단위:천원)	
5		성명	직책	연봉	나이	
6		황인영	회장	350,000	55	
7		조영철	사장	200,000	52	
8		김남수	부장	150,000	48	
9		남강우	차장	100,000	45	
10		이영진	과장	85,000	43	
11		남진철	대리	70,000	40	
12		김재우	사원	45,000	37	
13			확인			

14 작업 내용이 완료되었으면 [파일] 탭-[저장]을 클릭하여 작업한 내용을 저장합니다.

○ **예제파일** : 혈당체크.xlsx   ○ **완성파일** : 혈당체크(완성).xlsx

1 다음과 같이 '공복' 시 혈당을 내림차순으로 정렬해 보세요.

	A	B	C	D	E	F
3						
4		**날짜**	**공복**	**식후 2시간**	**야간**	
5		2014-03-14	140	150	145	
6		2014-03-10	135	145	140	
7		2014-03-12	135	155	145	
8		2014-03-09	130	140	140	
9		2014-03-13	130	140	140	
10		2014-03-06	125	140	130	
11		2014-03-11	125	150	135	
12		2014-03-07	120	130	125	
13		2014-03-15	120	130	125	
14		2014-03-05	115	135	120	
15		2014-03-08	110	125	120	
16		2014-03-16	110	120	120	
17						

HINT ❶ 공복 시 혈당 정렬하기
　　　 ❷ 내림차순으로 정렬(140 → 110)

ⓒ **예제파일** : 문화센터.xlsx   ⓒ **완성파일** : 문화센터(완성).xlsx

2 다음과 같이 '요일'을 사용자 지정 목록 순으로 정렬해 보세요.

	B	C	D	E
	모여라! 센터 강좌 안내			
	과목	**요일**	**시간**	**금액**
	샌 드 위 치	월요일	10:00	50,000
	클 레 이 아 트	월요일	10:00	10,000
	생 활 영 어	월요일	10:00	60,000
	엄 마 랑 아 가 랑	화요일	14:00	60,000
	생 활 중 국 어	화요일	14:00	60,000
	쿠 킹 I	수요일	10:00	60,000
	컴 퓨 터	수요일	10:00	60,000
	요 가	목요일	14:00	60,000
	노 래 교 실	목요일	14:00	60,000
	댄 스 I	금요일	11:00	60,000
	스 마 트 폰	금요일	10:00	50,000
	네 일 아 트	금요일	15:00	70,000
	쿠 킹 II	토요일	15:00	70,000
	요 가 II	토요일	15:00	70,000
	댄 스 II	토요일	15:00	70,000

HINT ❶ 요일을 기준으로 정렬하기
       ❷ 사용자 지정 목록으로 정렬
          – '일요일, 월요일, 화요일, 수요일, 목요일, 금요일, 토요일' 순으로 정렬

◉ **예제파일** : 적금과보험.xlsx   ◉ **완성파일** : 적금과보험(완성).xlsx

✖ **이번 장에서는**

입력된 데이터에서 원하는 조건을 만족하는 데이터만 추출하여 표시해주는 기능을 필터라 합니다. 텍스트 및 날짜, 숫자 데이터 등을 필터하여 표시하는 방법에 대해 알아보겠습니다.

우리집 적금과 보험

종류	은행별	종류	시작일	만기일	납입횟수	월 납입금액	누계
					총합계		29,588,000
보험	B 보험	개인연금	2000-01-10	2020-01-10	163개월	50,000	8,150,000원
보험	B 보험	건강보험	2000-10-06	2020-10-06	154개월	50,000	7,700,000원

01 '필터'란 여러 데이터 중 사용자가 지정한 조건에 맞는 데이터만 표시하고 나머지 데이터는 모두 숨겨버리는 기능을 말합니다.

02 필터 기능을 이용하여 사용자가 원하는 데이터만 추출하여 표시하는 방법에 대해 알아봅니다.

03 엑셀 2016 프로그램을 실행한 후, [파일] 탭-[열기]-[찾아보기]를 클릭하여 '적금과보험.xlsx' 파일을 불러옵니다.

04 B열의 '종류' 필드에서 '은행' 데이터만 추출하기 위해 [B5] 셀을 클릭합니다.

05 [데이터] 탭-[정렬 및 필터] 그룹에서 필터(▼) 아이콘을 클릭합니다.

06 필드 오른쪽에 필터 목록(▼) 단추들이 생성된 것을 확인합니다.

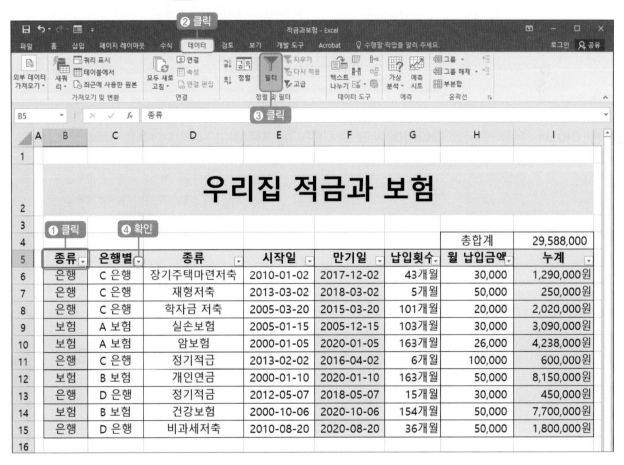

07 종류 필드 오른쪽의 필터 목록(🔽) 단추를 클릭한 후, '모두 선택' 항목을 클릭하여 체크 표시를 해제합니다.

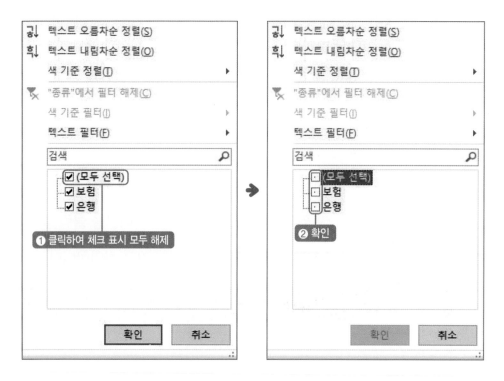

08 이어서, '은행' 항목을 클릭하여 체크 표시를(✓)를 지정하고 〈확인〉 단추를 클릭합니다.

09 종류 필드에서 '은행' 데이터만 추출되어 표시되고, 나머지 데이터는 모두 숨겨진 것을 확인합니다. (이때, 필터 목록 단추는 🔽로 변경되며 필터된 행 번호는 파란색으로 표시)

	종류	은행별	종류	시작일	만기일	납입횟수	월 납입금액	누계
(총합계)							총합계	29,588,000
6	은행	C 은행	장기주택마련저축	2010-01-02	2017-12-02	43개월	30,000	1,290,000원
7	은행	C 은행	재형저축	2013-03-02	2018-03-02	5개월	50,000	250,000원
8	은행	C 은행	학자금 저축	2005-03-20	2015-03-20	101개월	20,000	2,020,000원
11	은행	C 은행	정기적금	2013-02-02	2016-04-02	6개월	100,000	600,000원
13	은행	D 은행	정기적금	2012-05-07	2018-05-07	15개월	30,000	450,000원
15	은행	D 은행	비과세저축	2010-08-20	2020-08-20	36개월	50,000	1,800,000원

10 다시 모든 데이터를 표시하려면 종류 필드 오른쪽의 필터 목록(🔽) 단추를 클릭한 후, 🔽 "종류"에서 필터 해제(C) 를 클릭합니다.

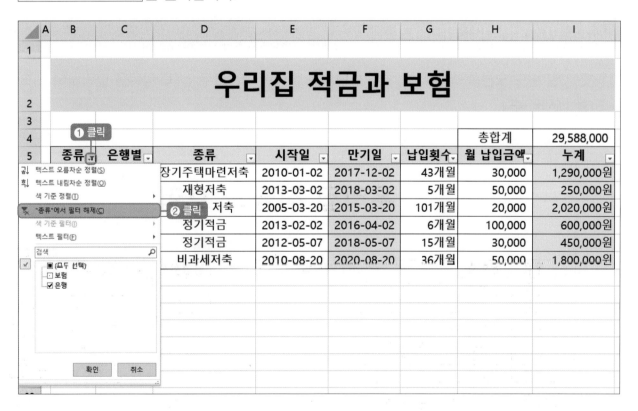

11 모든 데이터가 표시된 것을 확인합니다.

종류	은행별	종류	시작일	만기일	납입횟수	월 납입금액 총합계 29,588,000	누계
은행	C 은행	장기주택마련저축	2010-01-02	2017-12-02	43개월	30,000	1,290,000원
은행	C 은행	재형저축	2013-03-02	2018-03-02	5개월	50,000	250,000원
은행	C 은행	학자금 저축	2005-03-20	2015-03-20	101개월	20,000	2,020,000원
보험	A 보험	실손보험	2005-01-15	2005-12-15	103개월	30,000	3,090,000원
보험	A 보험	암보험	2000-01-05	2020-01-05	163개월	26,000	4,238,000원
은행	C 은행	정기적금	2013-02-02	2016-04-02	6개월	100,000	600,000원
보험	B 보험	개인연금	2000-01-10	2020-01-10	163개월	50,000	8,150,000원
은행	D 은행	정기적금	2012-05-07	2018-05-07	15개월	30,000	450,000원
보험	B 보험	건강보험	2000-10-06	2020-10-06	154개월	50,000	7,700,000원
은행	D 은행	비과세저축	2010-08-20	2020-08-20	36개월	50,000	1,800,000원

확인

02 : 만기일(날짜) 필터하기

01 만기일 필드 오른쪽의 필터 목록(▼) 단추를 클릭한 후, '모두 선택' 항목을 클릭하여 체크 표시를 해제합니다.

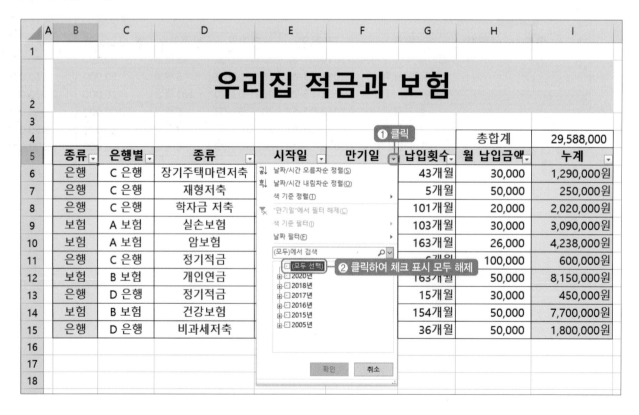

02 이어서, '2020년' 항목을 클릭하여 체크 표시(✓)를 지정하고 〈확인〉 단추를 클릭합니다.

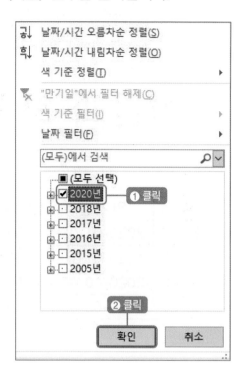

03 만기일이 '2020년'인 데이터만 추출되어 표시된 것을 확인합니다.

	B	C	D	E	F	G	H	I
							총합계	29,588,000
	종류	은행별	종류	시작일	만기일	납입횟수	월 납입금액	누계
10	보험	A 보험	암보험	2000-01-05	2020-01-05	163개월	26,000	4,238,000원
12	보험	B 보험	개인연금	2000-01-10	2020-01-10	163개월	50,000	8,150,000원
14	보험	B 보험	건강보험	2000-10-06	2020-10-06	154개월	50,000	7,700,000원
15	은행	D 은행	비과세저축	2010-08-20	2020-08-20	36개월	50,000	1,800,000원

03 : 누계(숫자) 필터하기

01 추출된 데이터에 추가로 누계가 '7,000,000원 이상 10,000,000원 이하'인 데이터를 추출하기 위해 누계 필드 오른쪽의 필터 목록(▼) 단추를 클릭합니다.

02 이어서, [숫자 필터]-[해당 범위]를 클릭합니다.

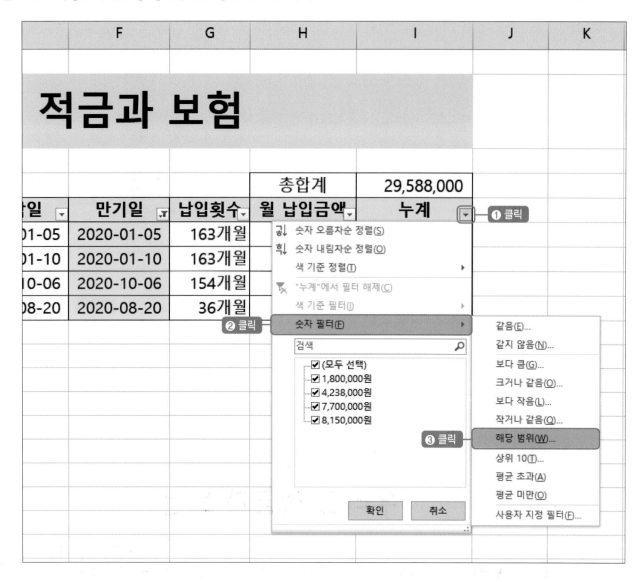

03 [사용자 지정 자동 필터] 대화상자가 표시되면 다음과 같이 지정하고 〈확인〉 단추를 클릭합니다.

04 다음과 같이 만기일이 '2020년'이면서 누계가 7,000,000원 이상 10,000,000원 이하인 데이터만 추출되어 표시된 것을 확인합니다.

	A	B	C	D	E	F	G	H	I
1									
2				우리집 적금과 보험					
3									
4								총합계	29,588,000
5		종류	은행별	종류	시작일	만기일	납입횟수	월 납입금액	누계
12		보험	B 보험	개인연금	2000-01-10	2020-01-10	163개월	50,000	8,150,000원
14		보험	B 보험	건강보험	2000-10-06	2020-10-06	154개월	50,000	7,700,000원
16						확인			확인

05 작업 내용이 완료되었으면 [파일] 탭-[저장]을 클릭하여 작업한 내용을 저장합니다.

TIP

필터의 사용 및 해제

- 필터 기능 사용 : 🔽
- 필터 기능 해제 : 🔽
- [데이터] 탭-[정렬 및 필터] 그룹에서 필터(🔽) 아이콘을 클릭할 경우 필터 목록(🔽) 단추가 모두 사라지고 필터가 모두 해제 됩니다.

◌ **예제파일** : 스케줄.xlsx ◌ **완성파일** : 스케줄(완성).xlsx

1 필터 기능을 이용하여 다음과 같이 시간별 스케줄을 추출해 보세요.

	시간 ▾	월요일 ▾	화요일 ▾	수요일 ▾	목요일 ▾	금요일 ▾
				일과 스케줄		
8	13:00-14:00	스케치	아르바이트	영어동화	아르바이트	바리스타
9	14:00-15:00	스케치	아르바이트	영어동화	아르바이트	바리스타
10	15:00-16:00	봉사	아르바이트	봉사	아르바이트	바리스타

HINT ❶ 시간 '13:00~16:00'의 스케줄을 추출하여 표시

❷ 시간 필드 오른쪽의 필터 목록(▾) 단추를 클릭

◎ **예제파일** : 버킷리스트.xlsx ◎ **완성파일** : 버킷리스트.xlsx

2 필터 기능을 이용하여 다음과 같이 2017년 희망 스티커(★★☆☆☆)를 추출해 보세요.

	A	B	C	D	E	F
2		행복해지는 5년 버킷리스트				
3						
4		종 류 ▾	시작년도 ▾	종 류 ▾	기 간 ▾	희망 스티커 ▾
10		운 동	2017년	자전거 배우기	2 개월	★★☆☆☆
17						

HINT ❶ 2017년에 시작할 희망 스티커 '★★☆☆☆'를 추출하여 표시
　　　 ❷ 시작년도 필드 오른쪽의 필터 목록(▾) 단추를 클릭
　　　 ❸ 희망 스티커 필드 오른쪽의 필터 목록(▾) 단추를 클릭

◎ **예제파일** : 회비관리.xlsx   ◎ **완성파일** : 회비관리(완성).xlsx

✖ 이번 장에서는

피벗 테이블은 다양한 데이터를 필요한 부분만 추출해서 요약 해주는 보고서로 피벗 테이블을 만들고 만들어진 피벗 테이블을 디자인하는 방법에 대해 알아보겠습니다.

	A	B	C	D	E	F
1						
2						
3	입금자명 ▾	합계 : 입금내역				
4	김경서	40000				
5	김승준	40000				
6	우민서	40000				
7	임지인	40000				
8	장의현	40000				
9	장재박	60000				
10	**총합계**	**260000**				
11						
12						
13						

◂ ▸ | 회비보고서 | 산악회 | ⊕

01 엑셀 2016 프로그램을 실행한 후, [파일] 탭–[열기]–[찾아보기]를 클릭하여 '회비관리.xlsx' 파일을 불러옵니다.

02 통장 내역 중 '입금자명'과 '입금내역'만 발췌하여 어떤 회원이 얼마를 입금했는지 쉽게 파악할 수 있도록 피벗 테이블을 이용하여 알아봅니다.

03 [B4] 셀을 클릭한 후, [삽입] 탭–[표] 그룹의 피벗 테이블(📊) 아이콘을 클릭합니다.

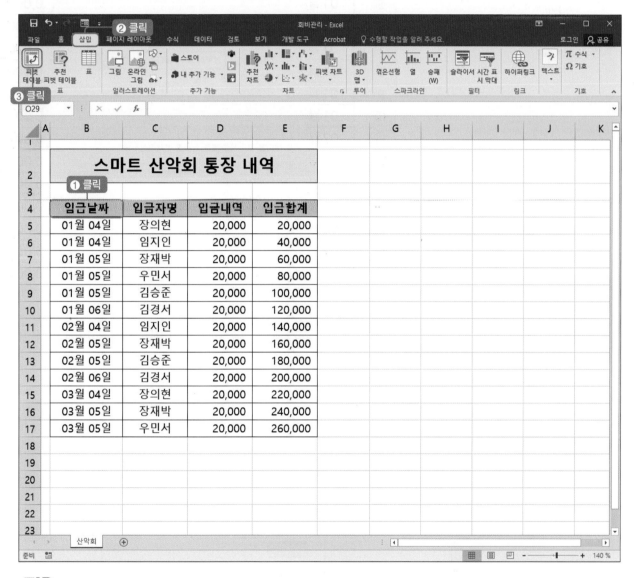

TIP

피벗 테이블이란 많은 양의 데이터를 손쉽게 요약, 분석할 수 있는 대화형 테이블을 말합니다.

04 [피벗 테이블 만들기] 대화상자가 표시되면 '표/범위 : 산악회!$B$4:$E$17'를 확인한 후, 피벗 테이블 보고서를 넣을 위치에서 '새 워크시트'를 선택한 다음 〈확인〉 단추를 클릭합니다.

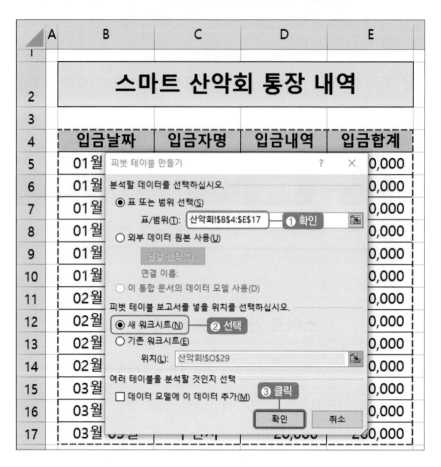

05 [산악회] 시트 앞에 [Sheet1]이 삽입되면서 [A3] 셀을 기준으로 빈 피벗 테이블 보고서가 표시된 것을 확인합니다.

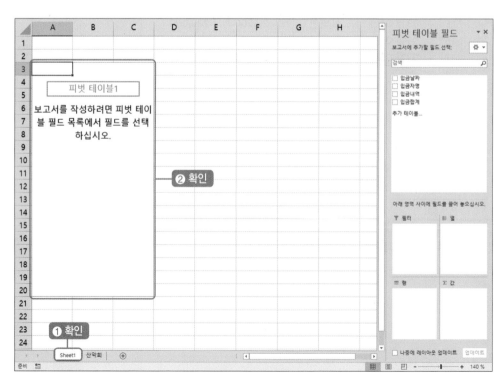

06 화면 오른쪽 [피벗 테이블 필드]의 보고서에 추가할 필드 선택에서 '입금자명'을 '행' 영역으로 드래그하여 이동시켜 줍니다.

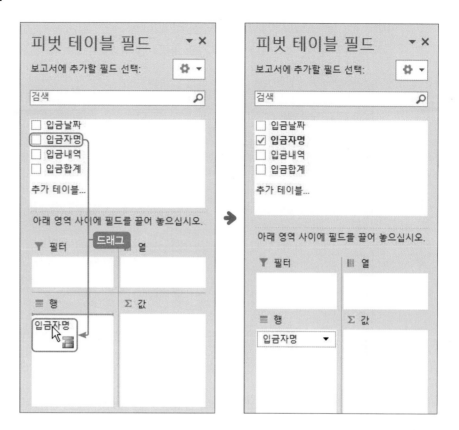

07 이어서, '입금내역'을 'Σ 값' 영역으로 드래그하여 이동시켜 줍니다.

08 [A3:B10] 영역에 피벗 테이블 보고서가 작성된 것을 확인합니다.

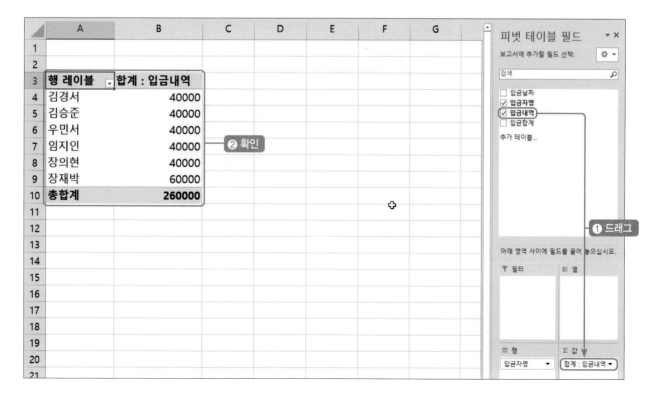

TIP

피벗 테이블 보고서에서 필드 삭제

피벗 테이블 보고서에서 보고서 필터에 해당하는 '입금날짜' 필드를 제거하려면, 보고서 필터 영역의 '입금날짜'를 보고서에 추가할 필드 선택 영역으로 드래그하여 이동시켜 줍니다.

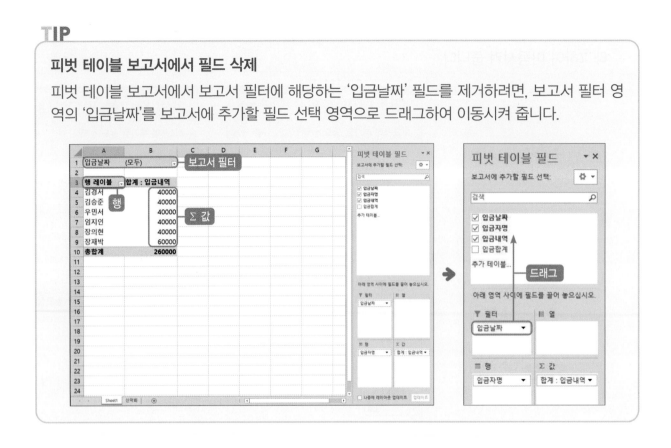

09 [A3] 셀에 '입금자명'을 입력한 후 **Enter** 키를 눌러 필드 이름을 변경하고, 화면 하단의 [Sheet1]을 더블 클릭하여 '회비보고서'로 시트 이름을 변경한 다음 **Enter** 키를 눌러줍니다.

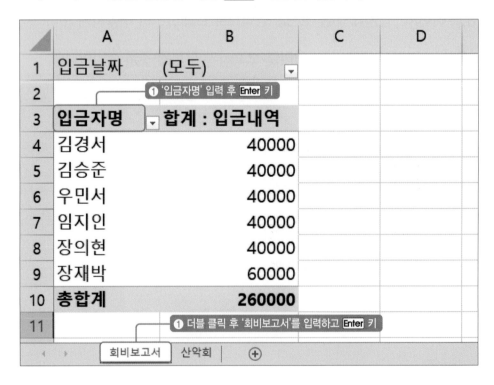

10 화면 오른쪽 [피벗 테이블 필드]에서 닫기(**×**) 단추를 클릭합니다.

02 : 피벗 테이블 디자인하기

01 [A4] 셀이 선택된 상태에서 [피벗 테이블 도구]–[디자인] 탭–[피벗 테이블 스타일] 그룹의 자세히(▼) 단추를 클릭합니다.

02 이어서, 보통 항목 중 '피벗 스타일 보통 4'를 선택합니다.

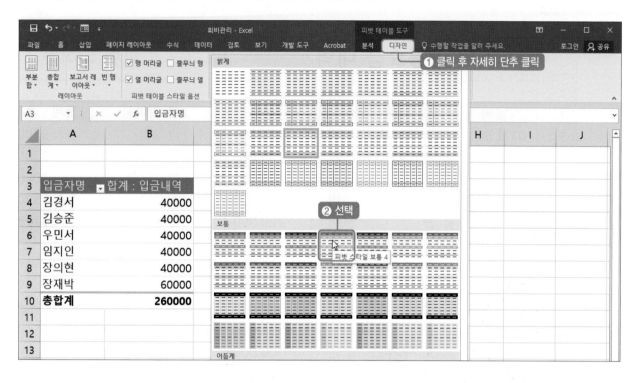

03 다음과 같이 피벗 테이블에 스타일이 적용된 것을 확인합니다.

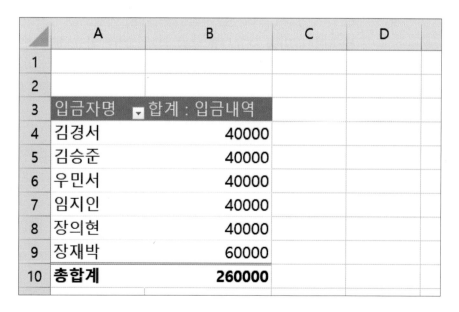

04 작업 내용이 완료되었으면 [파일] 탭–[저장]을 클릭하여 작업한 내용을 저장합니다.

◉ 예제파일 : 공공요금.xlsx   ◉ 완성파일 : 공공요금(완성).xlsx

1 다음과 같이 조건에 따라 피벗 테이블 보고서를 만들어 보세요.

	A	B	C	D	E	F	G
1							
2		||||||||||| 공공요금 내역 |||||||||||				피벗 테이블	
3							
4		날짜	지출내역	금액		행 레이블 ▾	합계 : 금액
5		01월 05일	관　리　비	150,000		관리비	370000
6		01월 15일	전　기　요　금	35,000		도시가스 요금	350000
7		01월 20일	도시가스 요금	120,000		전기요금	106000
8		01월 25일	통　신　비	54,000		통신비	153000
9		02월 05일	관　리　비	120,000		총합계	979000
10		02월 15일	전　기　요　금	38,000			
11		02월 20일	도시가스 요금	130,000			
12		02월 25일	통　신　비	50,000			
13		03월 05일	관　리　비	100,000			
14		03월 15일	전　기　요　금	33,000			
15		03월 20일	도시가스 요금	100,000			
16		03월 25일	통　신　비	49,000			
17							

HINT ❶ 분석할 데이터의 표/범위 : [B4:D16] 영역
　　　 ❷ 피벗 테이블 보고서를 넣을 위치 : 기존 워크시트의 [F4] 셀
　　　 ❸ 행 : 지출내역
　　　 ❹ Σ 값 : 금액

● **예제파일** : 분기별내역.xlsx   ● **완성파일** : 분기별내역(완성).xlsx

2 다음과 같이 조건에 따라 분기별로 그룹화된 피벗 테이블 보고서를 만들어 보세요.

	A	B	C	D	E	F	G
1							
2							
3	합계 : 금액	지출내역 ▼					
4	분기 ▼	관리비	도시가스 요금	전기요금	통신비	총합계	
5	⊟1사분기						
6	1월	150000	120000	35000	54000	359000	
7	2월	120000	130000	38000	50000	338000	
8	3월	100000	100000	33000	49000	282000	
9	총합계	370000	350000	106000	153000	979000	
10							
11							

분기별내역 공공요금 ⊕

HINT ❶ 분석할 데이터의 표/범위 : [B4:D16] 영역
　　 ❷ 피벗 테이블 보고서를 넣을 위치 : 새 워크시트
　　 ❸ 열 : 지출내역
　　 ❹ 행 : 날짜
　　 ❺ Σ 값 : 금액
　　 ❻ [A5:A16] 영역 안에서 마우스 오른쪽 단추 클릭–[그룹] 선택(단위 : '분기' 선택)
　　　　– '분기' 필드 자동 생성됨
　　 ❼ [Sheet1] 시트 이름을 '분기별내역'으로 수정
　　 ❽ [A4] 셀은 '분기', [B3] 셀은 '지출내역'으로 각각 입력하여 수정
　　 ❾ 피벗 테이블 스타일에 '피벗 스타일 보통 9' 적용

13 CHAPTER
데이터 비교를 위한 차트 만들기

◁ **예제파일** : 프로젝트.xlsx   ◁ **완성파일** : 프로젝트(완성).xlsx

✱ 이번 장에서는

차트란 워크시트의 데이터 내용을 막대나 선, 도형, 그림 등을 사용하여 시각적으로 표현한 것을 말합니다. 차트를 작성하는 방법과 완성된 차트의 디자인과 레이아웃을 변경하는 방법에 대해 알아보겠습니다.

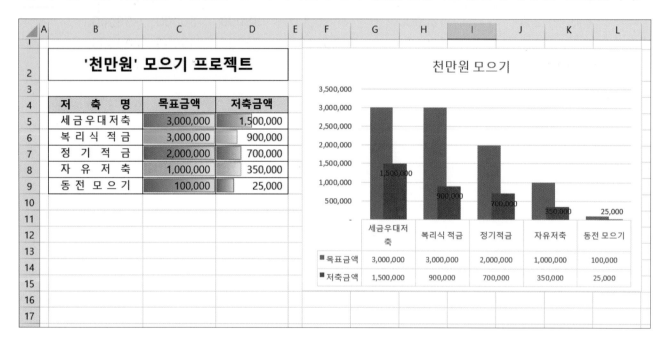

01 엑셀 2016 프로그램을 실행한 후, [파일] 탭-[열기]-[찾아보기]를 클릭하여 '프로젝트.xlsx' 파일을 불러옵니다.

02 '세금우대저축'의 목표금액[C5]과 저축금액[D5]을 비교하기 위하여 [C5:D5] 영역을 드래그합니다.

03 [홈] 탭-[스타일] 그룹의 조건부 서식( ) 아이콘을 클릭합니다.

04 이어서, [데이터 막대]를 선택한 후, 그라데이션 채우기의 파랑 데이터 막대( )를 클릭합니다.

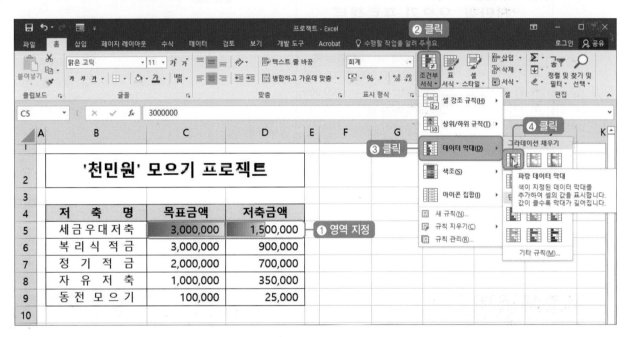

05 '복리식적금'의 목표금액[C6]과 저축금액[D6]을 비교하기 위하여 [C6:D6] 영역을 드래그합니다.

06 [홈] 탭-[스타일] 그룹의 조건부 서식( ) 아이콘을 클릭한 후, [데이터 막대]-[녹색 데이터 막대( )]를 클릭합니다.

07 '정기적금'의 목표금액[C7]과 저축금액[D7]을 비교하기 위하여 [C7:D7] 영역을 드래그합니다.

08 [홈] 탭-[스타일] 그룹의 조건부 서식( ) 아이콘을 클릭한 후, [데이터 막대]-[빨강 데이터 막대( )]를 클릭합니다.

09 '자유저축'의 목표금액[C8]과 저축금액[D8]을 비교하기 위하여 [C8:D8] 영역을 드래그합니다.

10 [홈] 탭-[스타일] 그룹의 조건부 서식(📊) 아이콘을 클릭한 후, [데이터 막대]-[주황 데이터 막대(📊)]를 클릭합니다.

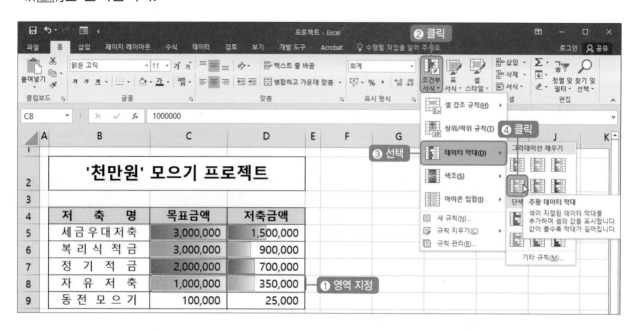

11 '동전모으기'의 목표금액[C9]와 저축금액[D9]를 비교하기 위하여 [C9:D9] 영역을 드래그합니다.

12 [홈] 탭-[스타일] 그룹의 조건부 서식(📊) 아이콘을 클릭한 후, [데이터 막대]-[연한 파랑 데이터 막대(📊)]를 클릭합니다.

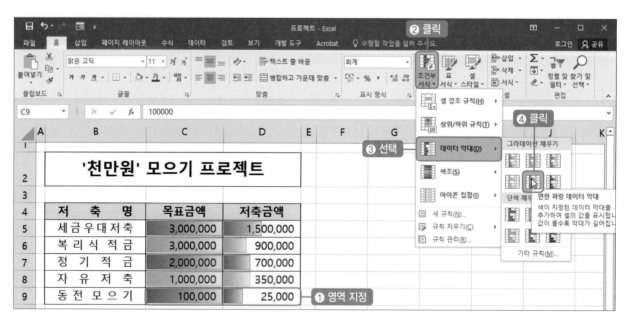

TIP

조건부 서식

지정된 조건에 맞을 때 엑셀에서 자동으로 셀에 적용하는 셀 음영 또는 글꼴 색 등의 서식을 말합니다.

01 [B4:D9] 영역을 드래그한 후, [삽입] 탭-[차트] 그룹의 세로 또는 가로 막대형 차트 삽입(■▾) 아이콘을 클릭합니다.

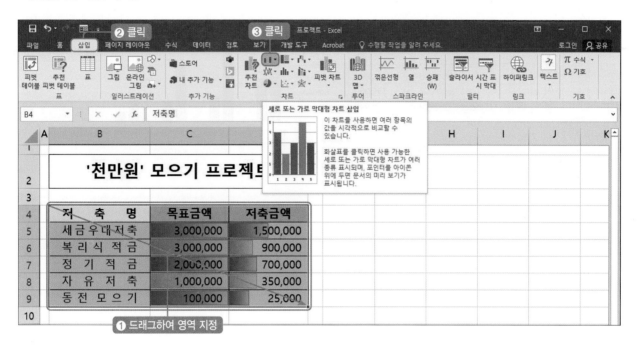

02 '2차원 세로 막대형' 차트 중 묶은 세로 막대형(■) 차트를 클릭합니다.

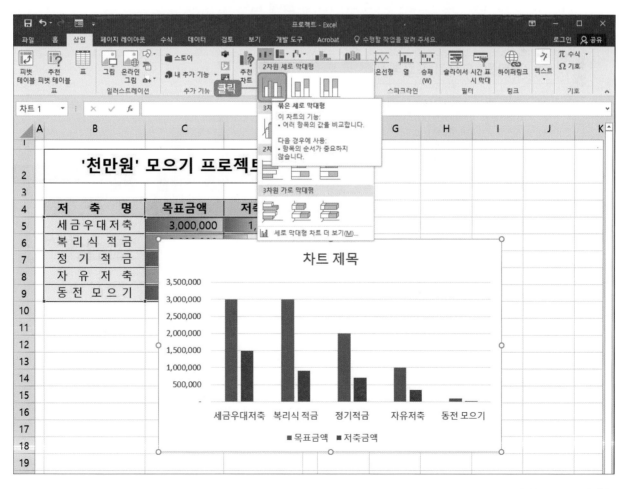

03 작성된 차트 위에 마우스 포인터를 위치시킨 후, 포인터의 모양이 ⊕로 변경되면 Alt 키를 누른 채 차트를 드래그하여 [F2] 셀에 위치시켜 줍니다.

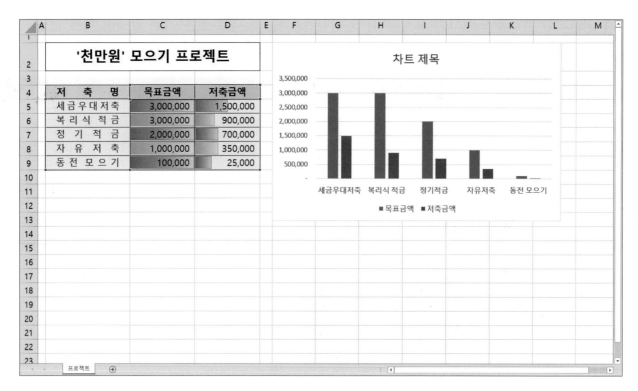

04 이어서, 그림과 같이 차트의 오른쪽 아래 끝 부분(크기 조절 핸들)을 Alt 키를 누른채 드래그하여 [F2:L15] 영역에 차트가 놓이도록 크기를 조절해 줍니다.

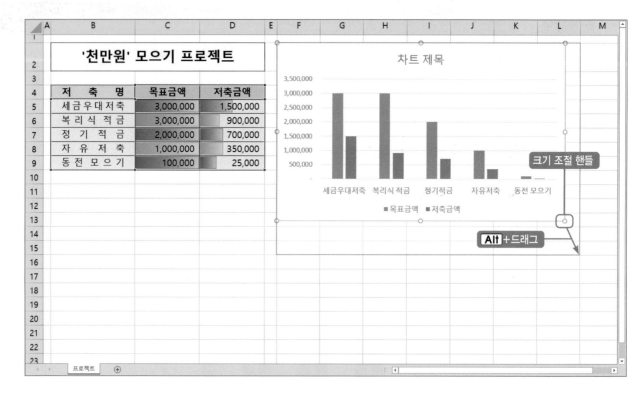

05 완성된 차트의 모양을 확인합니다.

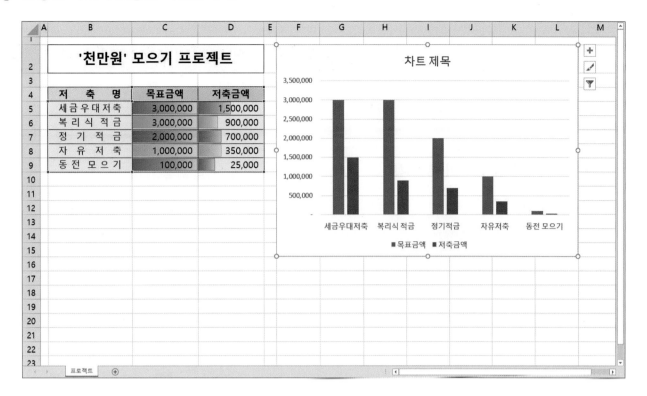

03 │ 차트 디자인과 레이아웃 변경하기

01 차트가 선택된 상태에서 [차트 도구]-[디자인] 탭-[차트 레이아웃] 그룹의 [빠른 레이아웃] 단추를 눌러 레이아웃 10(📊)을 선택합니다.

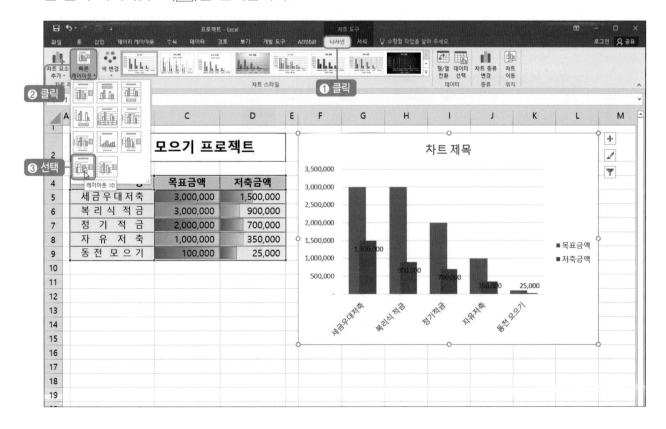

02 이어서, [차트 도구]-[디자인] 탭-[차트 스타일] 그룹에서 자세히(▼) 단추를 눌러 '스타일 13'을 클릭합니다.

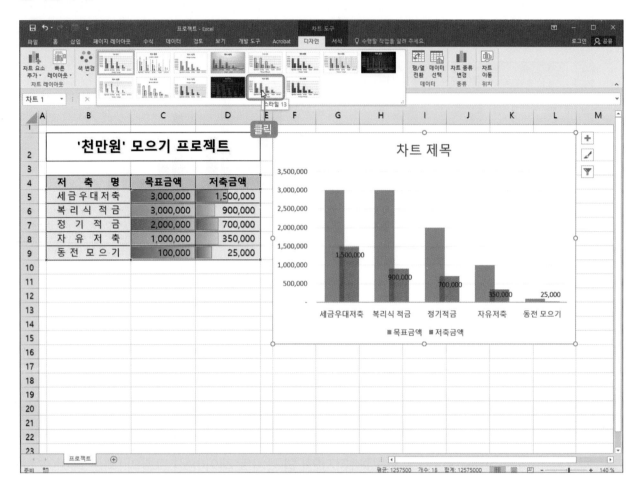

03 범례를 삭제하기 위해 [차트 도구]-[디자인] 탭-[차트 레이아웃] 그룹에서-[차트 요소 추가]-[범례]-[없음]을 선택합니다.

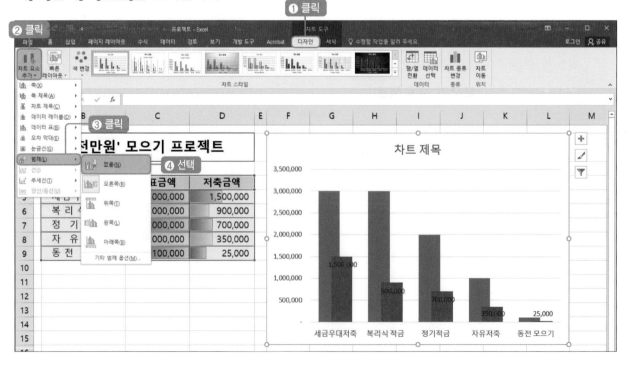

04 [차트 도구]-[디자인] 탭-[차트 레이아웃] 그룹에서-[차트 요소 추가]-[데이터 표]-[범례 표지 포함]을 선택합니다.

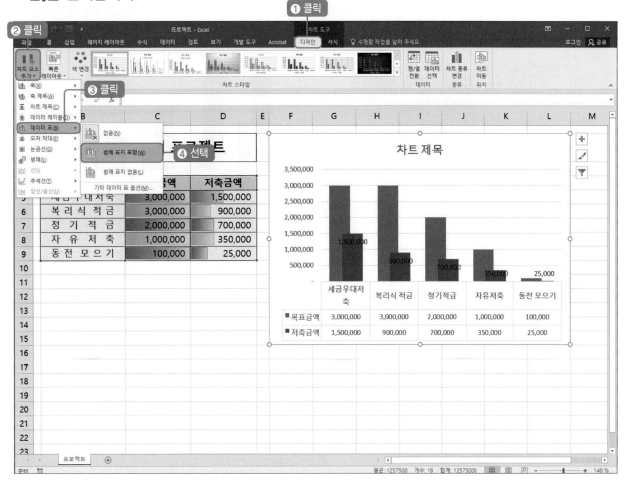

05 차트 하단에 범례 표지와 함께 데이터 표가 표시된 것을 확인합니다.

06 '차트 제목'을 클릭한 후, 다시 한 번 클릭하여 Delete 키 또는 Back Space 키로 '차트 제목'을 삭제한 다음 '천만원 모으기'를 입력합니다.

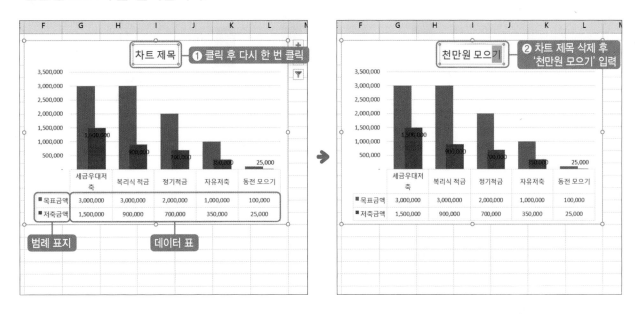

07 차트 제목 입력이 완료되었으면 차트 영역을 클릭하여 차트 작성을 완료합니다.

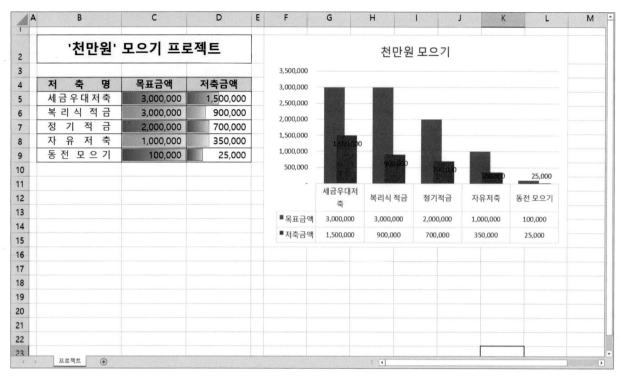

TIP

차트의 구성 요소

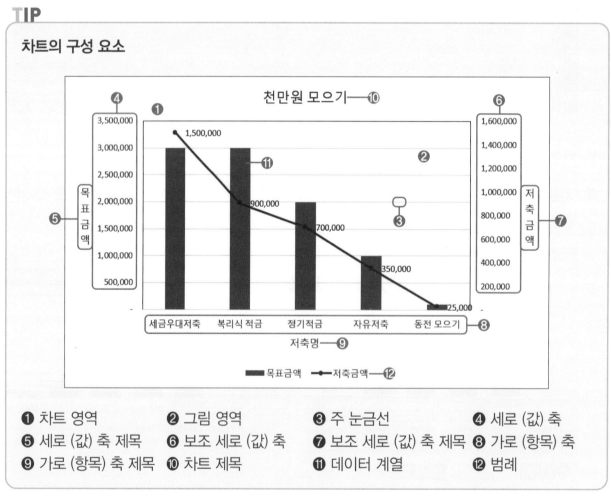

❶ 차트 영역   ❷ 그림 영역   ❸ 주 눈금선   ❹ 세로 (값) 축
❺ 세로 (값) 축 제목   ❻ 보조 세로 (값) 축   ❼ 보조 세로 (값) 축 제목   ❽ 가로 (항목) 축
❾ 가로 (항목) 축 제목   ❿ 차트 제목   ⓫ 데이터 계열   ⓬ 범례

08 작업 내용이 완료되었으면 [파일] 탭-[저장]을 클릭하여 작업한 내용을 저장합니다.

04 차트 인쇄하기

01 작성된 차트를 인쇄하기 위해서 [파일] 탭-[인쇄]를 클릭하면 프린터 및 각종 페이지 설정 항목과 인쇄 미리 보기 화면이 표시됩니다.

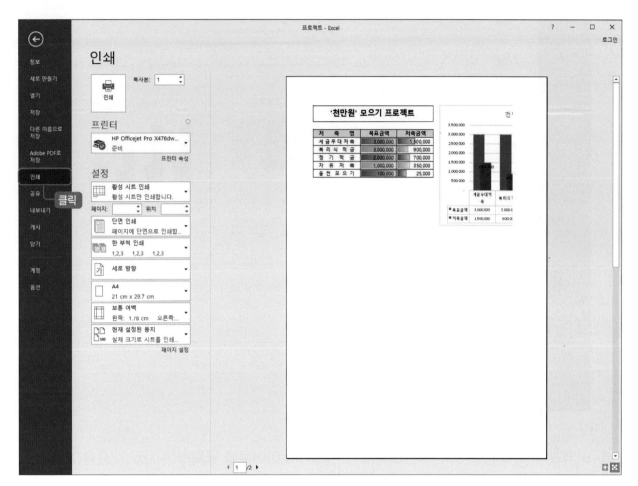

02 인쇄 미리 보기 내용을 보면 작성된 차트의 내용이 잘려져 모두 표시되지 않는 것을 확인할 수 있습니다.

03 [설정] 항목에서 용지의 인쇄 방향을 '가로 방향'으로 변경한 후, 화면 오른쪽 하단의 여백 표시 (⊞) 단추를 클릭합니다.

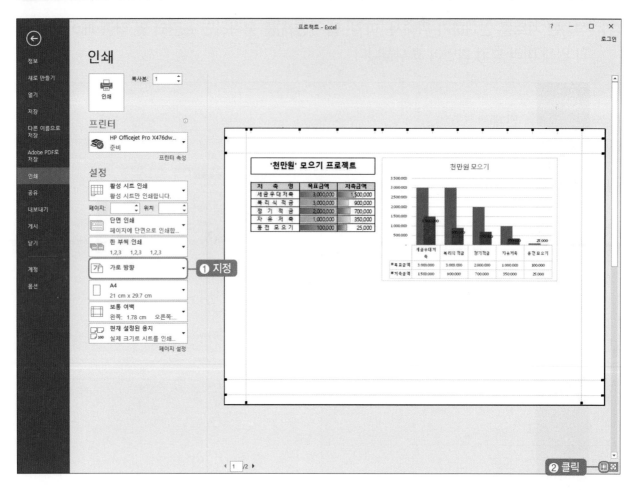

04 여백과 인쇄 내용을 모두 확인하였으면 인쇄(🖶) 아이콘을 클릭하여 차트 내용을 프린터로 인쇄합니다.

TIP

페이지 설정

- 인쇄의 [설정] 항목에서 '페이지 설정'을 클릭한 후, [시트] 탭을 클릭합니다.
- 다음과 같이 인쇄 항목 중 '눈금선'과 '행/열 머리글'에 체크 표시를 지정하면 인쇄시 눈금선과 행/열 머리글을 같이 인쇄할 수 있습니다.

[인쇄 미리 보기]

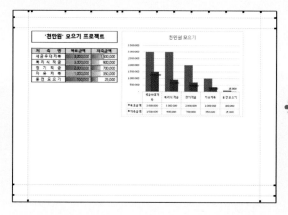

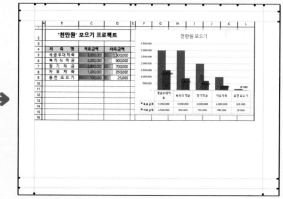

▲ '눈금선', '행/열 머리글'이 표시

◉ **예제파일** : 조건부서식.xlsx   ◉ **완성파일** : 조건부서식(완성).xlsx

1 다음과 같이 조건부 서식을 적용해 보세요.

	A	B	C	D	E	F
1						
2		**나트륨 섭취량**				
3						
4		**음식명**	**섭취량**			
5		현미밥	71.10mg			
6		쌀밥	4.50mg			
7		김치	687.60mg			
8		갈치구이	644.96mg			
9		냉이나물	696.14mg			
10		된장국	610.50mg			
11		김치찌개	3,003.70mg			
12		계란말이	1,433.67mg			
13		김치라면	2,922.00mg			
14						
15		세계보건기구 1일 권장 나트륨 : 2000mg				
16						
17						

HINT ❶ 섭취량 [C5:C13] 영역 지정
　　　 ❷ [조건부 서식]–[색조]–[빨강 – 흰색 – 파랑 색조]를 이용하여 표시

◎ **예제파일** : 칼로리차트.xlsx ◎ **완성파일** : 칼로리차트(완성).xlsx

2 다음과 같이 차트를 만들어 보세요.

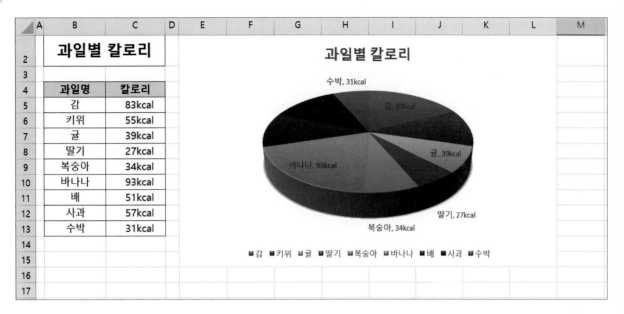

	과일별 칼로리	
과일명		**칼로리**
감		83kcal
키위		55kcal
귤		39kcal
딸기		27kcal
복숭아		34kcal
바나나		93kcal
배		51kcal
사과		57kcal
수박		31kcal

HINT ❶ 차트 범위 : [B4:C13] 영역

❷ 차트 종류 : [원형 또는 도넛형 차트 삽입]–[3차원 원형]

❸ 빠른 레이아웃 : 레이아웃 4

❹ 차트 스타일 : 스타일 10

❺ 차트 크기 : [E2:L15] 영역에 위치

❻ 차트 제목 : [차트 위]–'과일별 칼로리'

❼ 범례 : 아래쪽에 범례 표시

MEMO